浙江全省十一府新地圖

(其九)

嚴州

浙江潮第十期

◎大勢（二種）
●各國內情
●德意志之新政策……維 曾
●國際政局
●歐洲國際政局之推移……韋 塵
◎談叢
●野獲一夕話……匪 石
▲薙髮▲永歷士子▲祕密黨
◎所聞錄
●敬告甯海之鬧教者幷以聲徐承禮之罪●嗚呼雲南休矣●異哉奉化之學界●諸君曾聞美國賽會之褻玩華人否●嗚呼吾國又多一外國銀行矣●祝麗澤學校與中華學校
◎專件
●杭州女學校章程
●奉化教育會章程
◎雜錄
●東報隨譯
●英國之西藏遠征●日俄交涉之進行●俄人在滿州之行動●俄之處置滿州●滿州之利源
●日俄交涉顛末之發表
●瑣談片片（八條）
●留學界記事（二條）
●紹介新著（四條）
●問答
●小說
●地底旅行……索 子
第一回 奇書照眼九地通路 流光逼人尺波電謝

浙江潮第十期目錄

癸卯十月二十日發行

◎圖畫

●浙江全省十一府新地圖（其九）嚴州

●西湖勝景……（一）孤山全景……（二）孤山遠眺●（一）六和塔……（二）寶叔塔●甌江一覽

◎社說

●駁劉鐵雲礦事啓及呈晉撫稟

▲附礦事啓及呈晉撫稟二原稿

◎論說

●儒教國之變法……願雲

●日俄開戰與中國之地位……明心

◎學術（六種）

●政法

●法律上人民之自由權……支那子

◎實業

●植物與人生之關係……黃孫

▲第三節一之續……結論

◎哲理

●希臘古代哲學史概論……公猛

◎教育

●鐵血主義之教育……霖蒼

◎地理

●地人學……壯夫

◎科學

●釋合金……

目錄

第二回 割愛情揮手上征途 敎冒險登高嚇游子

◎文苑

●刺時並序（君木）●讀楞嚴●塞上曲●送家晦序北上（錄二）●燕京懷古（摹俠）

◎調查會稿

●浙江省防調查表

◎浙江文獻錄

●上監國魯王啓（三）張煌言集●上延平王書●海師恢復鎮江一路檄●復曹監軍書

購閱畧則

一定閱本誌在東京者可函向本發行所掛號每期當按址寄送在內地者可就近向下列各代派所購取或逕寄函本社亦可但必須將報費郵資先行付下自然按寄無誤

一向本社定購者由本社發給收條向代派所定購者由代派所發給收條遇有已付報資而報未能按期送到者可憑收條向原定處函索

售報價目表

全年十二冊	半年六冊	每冊
三元二角	一元七角	三角

本誌原有旁註頗不明晰自七期起刪訂如左（一）用日幣者照表八折（二）向申杭總發行所批售逾十分者照表八折（一）每冊加郵費二分全年二角

廣告價目表

洋裝一頁	洋裝半頁	一行（四號十七字五號二十二字起碼）
七元	四元	三角

惠登告白者須於本編定期發刊之前交到價須先付登長年半年者當格外從廉

本誌緊要廣告

本誌上海總發行所向在英租界大馬路壽康里永記書報代派所現因該所稍有事故已轉託**英租界棋盤街國學社**爲**本誌上海總發行所**除已登載日報通告外恐未周知特此聲明

孤山全景

孤山遠眺

甌江一覽

駁正劉鐵雲之礦事啓及呈晉撫稟

十月初六日。某等於中外日報之附張內見登有劉鐵雲因浙礦事一啓。翌日又於附張內。見登有劉鐵雲呈晉撫一稟。兩件嘵嘵數千言稍明事理者均髮指眥裂同聲憤激然某等一般意見以爲足令吾浙談礦事者警醒。幷足令河南山西之談礦事者警醒。實賴此一啓一稟力也。凡科罪於劉者亦當從末減蓋劉已不啻囚首垢面而自招口供於我國民前也初某等僅知私賣我浙江全省礦產者惟高紳爾伊一人而已繼而微聞劉實與謀。來告者紛紛僉曰高實爲劉之傀儡耳。苟深究其事。劉爲首。高爲從然卒不能盡廉得其實情天誘其衷使自行披露在劉之意中則自謂其巧在某等之眼中則轉憐其拙所謂欲蓋而彌彰者非歟且夫劉之利令智昏昕

社說

夕思所以攘三千年蘊蓄之寶藏。奪四億人共同之產業。自必竭盡智慮。堅豎一義。以熒惑我政府。以顛倒我國民。然後得惟所欲爲。以遂其開門揖盜壟斷圖利之私。求之不得。乃叛一引商力以禦兵力之謬說。哆脣弄舌。簧鼓一時。彼之其他一切議論。一切設施。因得由此一綫遞轉而來。嗚呼劉鐵雲休矣。夫劉本不足與辨。所懼者某等思稍緩須臾之瓜分。而劉偏爲之助餘揚波。猶靦顏不知恥。暴其醜曰學。售其譎曰宗旨。苟以彼之學爲學。彼之宗旨爲宗旨。亹起而效其所爲。誠恐錦繡河山。刼灰飛颺。神明裔胄。奴籍隳落。三稔五稔。蹻足可待。至此乃始知劉之因謀礦利而立謬說以禍中國。豈不晚哉。以故某等今日非好辨也。不得已也。某等聞之西人自十六世紀發見美洲新世界印度新航路以來。殖民事業。捷足爭先。所至貿美術雕琢繪畫品給土人。賺重利。不轉瞬間。墟其土矣。奴其人矣。得一殖民地相賀矣。非商力之明效大驗歟。請言印度。英人以七萬磅之小資本。組織一東印度會社。繕練士兵。建置砦堡。東岸一片土。橫僅五里。縱僅三十里。經營二十七年。印度居主人翁地位。陽如平常。絕不知有人之將制其死命而覆其宗祀。洎至一千八百五十七年。實偪處此一試暴動庸詎知巴力門竟因此決議置事務宰相舉百八十萬方里二億九千萬人口而拱手於人哉是爲西人商力入印度之明證請言非洲英人初至非洲時即刱立南亞非利加公司東亞非利加公司及亞非利加湖公司一千八百八十六年皇加尼盖公司奏准在非洲闢土一千八百八十九年十月南亞非利加公司亦蒙恩准以七十萬方英里歸其管轄一千八百九十一年亞非利加公司兼併亞非利加湖公司共得五十萬方英里而東亞非利加公司據有七十萬方英里商力所至地即歸之非洲瓜分因之結局是爲西人商力入非洲之明證請言埃及埃及財政紊亂募借外債英法商人中之善於投機者競挾巨額資本以應其求當時土耳其見埃及新舊外債日益坌涌以有礙租稅阻之而英法商人會議借入之策至以四百五十萬元賂土帝及其左右迄一千八百七十五年債主逼迫上下束手歐人迺進握財政權雖有千百亞剌飛將無以善其後是爲西人商力入埃及之明證請言檀香山自加喇古亞第一即位後旋與美國定約免稅開通商務未幾島中主權悉入美人掌握因之致大亂一千八百八十三年卒以美人鐸爾爲總統是爲西

人商力入檀香山之明證引而近之以論則何以葡至澳門通商而澳門遂爲葡領也則何以英至香港通商而香港遂爲英領也五口通商後上海一隅爲商力薈萃區猶憶曩年庚子和約成英軍駐於此德軍駐於此法軍日本軍駐於此逍遙河上萬目共覩則又何以故此其理至粗極淺三尺偃童亦能解決是何劉之喪心病狂若譫若囈之至於斯極也嗚呼以劉之謬說充類至盡某等直不知死所矣夫劉之意豈僅僅欲擧一礦事以陷我大陸哉商力二字就廣義言之苟各國商人紛入內地設廠備機製造土貨敲骨剝髓以罔大利如戊戌年赫德所擬內地機器製造貨物征稅章程即主張是識者痛之然而劉必賛成之曰是商力非兵力上年謠傳滙豐華俄各銀行鈔票將通行各省內地稍有知識者咸惴惴以外人欲以一紙竭我現銀禍且不測是懼然而劉必賛成之曰是商力非兵力鐵路敷設權航路交通權以及承辦電燈自來水等種種貿易權彼族汗血經營已得其泰半失之東隅收之桑榆時不再來所恨者尙有多數西崽剛白度爲虎作倀耳然而劉必賛成之曰是商力非兵力充劉之意豈不然歟豈不然歟某等以爲劉如因礦利而故爲此言也

則亦已矣若果自負其學悍然迷信中毒於一己勢必流毒於海內無疑劉又謂一國商力所及即各國兵力所不及云云此尤屬駭人聽聞今無論劉之說實未必盡然果如其言將引甲國商力入甲省乙國商力入乙省擇十八國以支配十八省乎將平均本部各省爲幾份爲各國劃定一商力區乎抑專欲選擇一强且大者之國使各省官民紳商引其商力充牣中國全部以代我禦他國兵力乎凡此皆百思而不能得一確解雖然某等所最易得一決定義者劉非直賣礦抑將賣國是殆欲鞏固現在勢力範圍之基礎而促成將來瓜分之局者也甲午以來長江一帶與英訂不割與他國之約雲南廣西與法訂不割與他國之約山東與德訂不割與他國之約福建與日訂不割與他國之約我浙江與英國意大利均訂一不割與他國之約所謂二重不割與者是見諸報章見諸論著屢書大書不一書除涼血部動物外腭眙相顧久矣蓋列國之在亞東利害雖不相侔要其於各省勢力範圍之規定實爲歐洲各强外交上公認之一共同政策是故勢力範圍規定各國於各圈線中祇知奮勇相撲求種種實際問題與下手方法以扶植範圍內之勢力爲盡天職就表面觀

社說

之彼此似尙相妬嫉就裏面觀之彼此已默爲承認亞東大勢固如斯耳劉試於平旦天良萌動時一爲自省何以各國中可引入我浙江之商力祗有一意大利意大利者在浙江有一半之勢力範圍者也三門灣之哀的美敦書我浙人能忘之乎盍猶前日事也劉之祖宗丘隴暨將來生長子孫固無藉乎浙然同是中國人奈何貪一已之小利竟爲秦人之視越人肥瘠漠然不加欣戚於其中要之某等可次言劉實全無心肝者彼不引德之商力入吾浙法之商力入吾浙英俄之商力入吾浙則是明知將來領有浙地者非意即英英意相比較英已得長江而意或庶幾是一爲揭破如見其隱自信與深文羅織者有間嗚呼某等今日因此痛心疾首而正意大利脫帽相慶崇拜祝福劉鐵雲之秋也事果成意其自今以往於吾浙之勢力範圍已確有根據他日實行瓜分政策吾浙自得藉意國之商力以得意國之兵力爲之拒他國兵力之來蹂躪我浙十一府七十二州縣吾浙有六十年外人承辦之礦業即吾浙有六十年鼓舞太平坐視他省糜爛絕不相關之盛事父老扶杖子女加額吾浙人所當沒齒不忘馨香而尸祝之之人非劉鐵雲其誰與歸夫如是劉固快心

滿意又豈料千慮之中猶有一失劉非搵一掬淚爲湖南痛哭流涕者乎則是本其所學與宗旨碻知中國商力卒無救於外國兵力然何以與意人訂約又雜入如有華人籌得鉅欵立刻可以收回一條中國今日之經濟上至危極險固無慮此條實行然萬一紳商協力蹈湖南覆轍吾浙人援此條以與劉言劉又援此條以與意人言劉應如何自疚失策以痛哭流涕湖南者復痛哭流涕我浙江也劉又奚用此條之駢指贅疣爲也學有時有進退宗旨不應矛盾而劉竟若是將何以自解雖然某等刺刺不休不憚煩勞願再以仁人君子之心待劉而爲莊言正論以進之曰某等誠不欲以朱仙鎮之書生待公姑如公意援得賚賜福澤諭吉范文正以相期則於主權二字尤不能無辨公實一好言主權之人也惜乎公實一不學無術之人也故不得不將主權二字之字義一解釋之主權者國家成立之要素也其區別有二一曰國法上之主權一曰國際法上之主權國法上之主權又名對內主權國際法上之主權又名對外主權主權之由來歐洲碩學亦難得一碻證浮師脫羅氏曰吾輩可以揣度知之者實濫觴於古時人人私有財產時故財產權者主權之母也要之

同爲最高唯一之權則罔有間說今且據國際法學者之學說爲之判斷凡得保存國家之獨立權自衛權交通權以及其他種々特權等曰惟有主權故主權有完全者焉有不完全者焉不完全者則被保護國之主權也忍哉公乎奈何欲以被保護國處置我禹域也公或未必作是念然以公之志行公之事我中國能僅爲被保護國而止耶西哲有恒言曰貿易者隨國旗而行又曰貿易權產業權常從主權爲推移苟世有稍涉經濟學藩籬者類能道之夫貿易權即商力也公今日非止以貿易權贈人是幷舉產業權而贈之何也彼此各以其物交換而退而其時以貨幣爲易中是曰貿易若有人焉盤踞我土地利用我勞工彼僅出其有限資本以罄我莫大利源又安得謂之爲商力是公於商力二字認之猶不稿切惜哉尤有說者任何土地之生產力則無一定限制而獨於礦之生產力則有一定限制中國一線之望僅在乎礦吾恐六十年後羅掘者已空捆載者已去彼時欲供無求束手待斃無俟著龜矣公果賢者則從此應悟主權之在彼不在此且悟開礦一事爲改良首務之說之紕繆而別籌他策以求開通爲要矣不然公之所以崛强不服者必仍曰是可藉

此分利以救目前之急者也姑舉澳洲事以質公何如一千八百五十年之頃澳洲之發見金礦也採金利大厚其盛時礦工日得銀五打拉於是農舍耒耜工棄準繩爭先從事於採金之業木材則遠取之於瑞典那威食品則仰給於歐美二洲夫澳洲新闢之地林木非不多食物非不產然此等物之供給所以遠取諸外國者無他採金之利厚多數人分利之數不敵少數人得利之數之多也所得者大所失者小利害權其輕重而已公盍不一細思之不倫不類引出韓觀察一事公何重視一候補道之權力反在軍機大臣外務部尙書及各省督撫之上去年有一日本理髮師窮極無聊賴航海莅閩乘輿往謁閩督閩督即爲之鳴砲開轅門鞠躬以迓之蓋勢有不得已也以彼例此某等實不能貿然相信況福公司挾國家勢力不能拒其敷設權於先而欲拒其輸運權於後彼之暫時聽命或別有深意謂福公司肯俯首下氣謹遵國憲則又誰欺公其休矣公毋以爲欲與公爲敵者僅我浙江人而已也某等猶憶今年春間有一山西冀甯道吳觀察匡者以晉省得公力向福公司借款辦礦旋得部覆舉平盂潞澤平陽各礦盡入於福公司掌中吳觀察惘利權一失制命

在人作一致各州縣招股開礦啓詞旨沈痛中有今日既有一福公司後日必有無數福公司地隨路亡種與礦盡將永爲奴隸而不得云々新聞報從而論之以爲吳觀察此啓眞淚隨筆下是皆出於公之所賜公其知之否嗚呼而今而後公所服膺之學說顧猶可冒昧嘗試而以全國人之性命財產爲經驗塲耶外人以加里福尼澳大利亞之採取金礦造福世界不淺我中國今日將爲之續法人某曾著中國現勢論一書談礦事甚詳其要旨言今世界之煤產出額每歲幾達六萬々噸使地球各國之蘊藏既盡則此六萬々噸之鉅產不於中國求之而誰屬耶其圖儂如此且公亦知喀西尼條約乎是葢一千八百九十六年李鴻章與俄使喀西尼所訂定者也其第三條曰俄國修築鐵道及採掘礦產之附近地俄人可屯駐步騎兵隊以資保衛由此觀之吾浙得公引意人來採掘礦產吾浙即得公引意人來屯駐兵隊矣尙何言哉尙何言哉總之某等自問絕非深拒固閉因妬生恨阻撓礦事之人也亦知中國實偪處此決不能援如日本之所謂非帝國臣民不得爲礦業人之條例也北洋官報之言豈有無因而至安得以傳聞之訛一語含糊了之公僅知遵外務章

程而已。公不知其奏摺中。又有勾結外人。輾轉售賣。其弊必至利權盡失。爲今之計。惟有明定一劃一章程之言也。然則某等於此。謂爲公之諍友焉可也。謂爲外務部之坐探委員焉可也。公如毅然決然。一國非之天下非之而勿顧。則某等必有處之各自努力毋再曉曉。

○附劉鐵雲原稿

近來讀各報紙。痛責僕與浙紳高子衡。私賣全省礦產。云得銀三百萬兩。每百萬兩與高十二萬。繼又謂賣四府云云。致動留學日本學生之衆怒。有指僕爲罪魁者。且逐日登報。冀激動全省紳商與高爲難。此事僕本可不辨。因其論說。有害大局。故不得不詳陳始末。俾天下明哲。共決此案。以定是非。僕自丙申年。即與義商羅沙第君定交。幇同辦理各項事宜。福公司惠工公司皆所創也。沙彪納君係羅沙第之代表人。於今九年矣。山西河南浙江三處借欵辦礦。皆僕經手。無庸諱也。浙江之礦。經前撫奏明奉外部飭照新章改定合同。於去冬照改覆奏奉旨依議。至公非私也。借欵辦礦。商借商還。六十年後全礦報効國家。若有華人籌得鉅欵。立刻可以收回。非賣也。浙江事。浙江撫台奏之。中國事。中國皇上許之。非擅也。至云得賄三百萬。每百萬高子衡得十二萬。其餘八十八萬必爲僕所有矣。夫三百萬鉅欵也。非可提挈而至者。由義滙華。由華轉入各處。必有銀行滙號錢莊等處經過。皆有底帳可稽。諸公

駁正劉鐵雲之礦事啓及呈晉撫稟

社說

未必隨意揑造自當有所見聞欵既由僕分派僕即有此欵之主權請諸君明查暗訪如查有實據僕願將此欵罰出充公如查無實據諸君其何以教我不但三百萬也無論或百萬或十萬或一萬如果查出係僕與高子衡因浙礦所得之賄者願悉數充公斷無怨悔古人云以己之心度人之心未嘗不同實有不盡然者焉德國之興也以得賚賜日本之興也以福澤諭吉往往以一二人之力挽廻國運范文正公曰天下之興亡匹夫與有責焉誠至論也僕自甲午以後痛中國之衰弱慮列强之瓜分未可聽其自然思亟求防禦之方非種種改良不可欲求改良必先開風氣欲開風氣必先通鐵路欲通鐵路必先籌養路之費籌養路之費舍農工商礦更有何賴而農工商三者之利其興也必在風氣大開之後緩不濟急只有開礦一事見功易而收效速為當務之首矣然二十年前開礦者不下三四十處率皆半途而廢蓋以華人非所專長故易敗也又思凡外國商力所到之地即為各國兵力所不到之地則莫若用洋商之欵以興路礦目前可以禦各强兵力之侵逐漸可以開通風氣鼓舞農工卒之數十年期滿路礦仍為我有計之至善者也故毅然決然為之一國非之天下非之所不顧也其中有利無害情形前上山西撫帥稟稿言之甚詳附呈請鑒

諸君之誤誤在不知商力兵力之分所以如此請再以實事證之福公司道口鐵路豫撫派韓觀察總辦一切韓於去年稟撫憲云福公司所造係運礦鐵路因請外部照會英使不准載客裝貨夫鐵路而不准載客裝貨猶人扼其吭而絕其飲食也不死何待英使回文力言斷不能遵云云然以外部尚未

有准其裝客載貨明文迄今半年有餘仍不敢裝載人貨夫以一候補道之所言即不敢違如此況督撫乎此商力所限不能不遵國憲之證也倘增將軍飭俄國鐵路不准裝客載貨周中丞飭德國鐵路不准裝客載貨二國遵乎不遵乎兵力商力固判若天淵矣中國地方繁富長江綰其要衝然旅順可去膠州可去而長江一帶獨晏然無事者各國商力所在也旅順不如營口旅順去而營口留膠州不如烟台膠州去而烟台留非兵力之不足商力阻之也商力之功豈淺鮮哉假使東三省有高子衡劉鐵雲其人者早引商力於內地俄人雖强亦斷無今日之事不待智者可知也況礦路與租界猶大有別租界係永遠租與洋人主權在彼借欵辦路礦係我借洋人之欵我請洋人辦事主權在我若云旣謂主權在我何以工程師礦師不能聽我調度譬如使縫工裁衣不能任主人之橫下刀剪其理一也總之人各有學學各有宗旨僕之宗旨在廣引商力以禦兵力俾我得休息數十年以極力整頓農工商務庶幾自强之勢可成而國本可立撫念時局蚤夜徬徨捧土塞河誠自知其不量竭愚盡瘁要無非忠君愛國之忱知我罪我惟諸君裁之諸君又以湖南之擧爲善不知此擧只可以拒商力不足以拒兵力莊子所謂爲大盜守也將來設遇敎案恐擧全省而畀人矣諸君所欣羨者僕所痛哭流涕者耳僕之宗旨如此高子衡信僕之言激動愛國公義願任其事顧少蘭係局外與此毫無干涉北洋官報乃傳聞之訛理合附白

〇劉鐵雲呈晉撫稟

駁正劉鐵雲之礦事啓及呈晉撫稟

社說

敬稟者竊某於前月接商務局函稱擬向福公司籌借洋債一千萬兩章程必須擬妥利息必須最輕等情囑擬大略章程恭呈憲鑒當將此意與西人羅沙第商之據云無所不可謹案洋債計有兩種辦法並山西現在情形敢據實直陳如有可採之處某當馳赴太原面求訓誨一曰國家借欵法官借官還以海關作抵先定合同奏准之後洋商即將欵項交官任憑若何派員開辦一切盈虧洋商概不過問本利到期自向海關支付此與國債無異所謂全權借欵然現在海關餘欵甚少國家尚須留作不時之需恐未必能貸山西路礦之用也二曰官商借欵法不用海關作抵亦不用國家作保但銀錢出入洋商主之如何辦法可行不可行仍決之於官洋商不能擅主也若官飭以必不能遵之事亦只得陳明欵曲往返互商不敢顯抗官府所辦之事定以限期至期則全產報効國家盈餘酌提充公虧折與官無涉此所謂半權辦法也而半權辦法之中又有官借商借之別官借則由商務局出名與立合同商借則由商家出名與立合同其半權情節雖似無殊實則出入甚大何也官借則洋商與官直接商借則一切須商人轉稟商稟批駁申飭無所不可若與洋商直接以施之華商者施諸洋商恐諸多窒礙矣況猶不止此官未必皆久任原辦之人既去後來者雖極精明難免不受其蒙蔽若華商業之所在即身家之所在愼其始更圖其終朝夕審計其利害與竅知之較詳故其操縱之術必勝官家十倍或慮華商與洋商有通同作弊之患此說近是而實未深思者也夫作弊者果何爲乎必爲利矣利之與權不能暫離者也有權即有利路也礦也利之所生也利在路礦不在官家華商欲攘路礦之利

身者與洋商通同作弊則自失其利權雖愚者必不出此可以不必多慮者也此借兩種洋債辦法之實在情形也至於路之與礦雖屬並稱其情形又迥有不同者鐵路之事大綱只有二端一曰修造之難易二曰人貨之多寡修造易則資本輕人貨多則獲利厚故盈虧之數可預決也不必洋人之精於核算即華人亦可得其梗概焉果爲易修之路而人貨亦豐則可用官借官還官認盈虧之法辦理將來若無意外之損傷不過三數十年資本還淸其路即可收回此上策也如現在蘆漢辦法是也若礦則大不然矣其盈虧之數斷難預決近十餘年來由李中堂批准辦礦者不下二三十處除漠河開平外無一處得法即開平之礦倘非李中堂屢次濟以官欵亦傾仆久矣可見辦礦之難某曾訪之西人云歐洲礦股資本全還者亦不一而足雖頭等礦師亦不能如操左劵也故辦礦一事總以半權借欵商借商還者爲無流弊此路礦辦法不同之實在情形也或曰章程所載不過除去開銷以四分之一報効國家其四分之三固皆爲洋人所得也取我山西之利而洋人所得轉三倍於國家至於地方百姓則毫無利益夫何樂而爲此哉此說亦近理故不可不早爲辦明也夫利之所屬當審其在人在地若在人是朘削我之脂膏以畀外人斷不可爲者也若在地則大有辦矣在地而爲吾人之力之所及者亦不可爲蓋既爲吾人力之所及今雖不爲後猶可爲仍不必畀諸外人也若爲吾力之所不可及又爲將來必被他人之所攘者則不如早自爲之之爲愈也况我早自爲之固陽爲利益歸人而實則

社說

利益歸我者恒數倍於人更何所顧忌而不爲哉請以其貲本用項考之可以明矣今所借貲本一千萬兩大概用凡三項一曰造鐵路二曰建礦廠三曰資轉運造鐵路姑以五百萬計取之外洋者僅鐵軌車頭一事而已所費不過十分之一其餘大宗買地土工石工實占十分之九是有四百九十萬散在中國也建礦廠姑以二百萬計機器等件不足百萬其餘買地土木人工約百餘萬是銷於中國者又三分之二也資轉運作爲三百萬則全在中國何也姑以開平比之開平每日工人約三萬餘名澤潞兩府斷不止兩開平也即以每日六萬人每人一日工銀一錢五分計之每日計銷九千兩其餘工人以上一切司事等人作一千兩每日實耗銀一萬兩一年三百六十萬皆耗於中國也工人所得之資不能無用也又將耗於衣食食則仰給於庖人衣則仰給於縫工庖人不能自藝蔬穀也又轉仰給於農圃縫工不能自織布帛也又轉仰給於織人如是輾轉相資山西由此分利者不下十餘萬人矣

我國今日之患在民失其養一事而得養者十餘萬人善政有又過於此者乎況有礦必有運礦之路年豐穀可以出歲饑穀可以入隱相酌劑利益於農民者更不知凡幾我國出口貨値每不敵進口貨之多病在運路不通運路既通土產之銷塲可旺工藝之進步可速倘能風氣大開民富國强屈指可計也而開礦實爲之基矣更有一事不忍言而不能不言者古人云慢藏誨盜今我山西媒鐵之富甲於天下西人嘖嘖稱之久矣必欲閉關自守將來無知愚民燒一兩處教堂殺三五名教士釁端一開全省礦路隨和約去矣其中猶有絕大之關鍵存焉則主權是也兵力所得者主權在彼商力所得者

主權在我△萬國之公例也△然有一國商力所到之處△則別國兵力即不能到△今日亟亟欲引商權入內
者△正恐他日有不幸而爲兵權所迫之事△必早杜其西漸之萌△爲忠君愛國者當今之急務矣△知蒙憲
台奏准△無識者或羣起而謗之△竊慮數年之內△設有因兵權而得之路礦△兩者相形△稍有人心者△必轉
謗爲頌矣△嘗聞人述曾文正公之言曰△今日事君△較古人難甚△古人事君△能致其身△其事已畢△今日事
君△致其身△尤當捐其名譽△達哉大臣之言也△今日借外欵以興內利△引商力以禦兵力△舉中國風氣未
開△天下能明其理者△尙無多人△欲其止謗△豈可得乎△收利在十年之後△使節不知幾更△興謗在一年之
中△隻身獨受其咎△巧宦斷不爲也△竊謂非定識偉議如文正者△計必不出於此△昨日伏讀憲台奏稿△大
義懍然△文正不能專美於前△韓昌黎云△至於舉世非之△力行而不惑者△則千百年乃一人而已耳△舍憲
台吾誰與歸△狂瞽之言△伏乞裁察△

駁正劉鐵雲之礦事啓及呈晉撫稟

社說

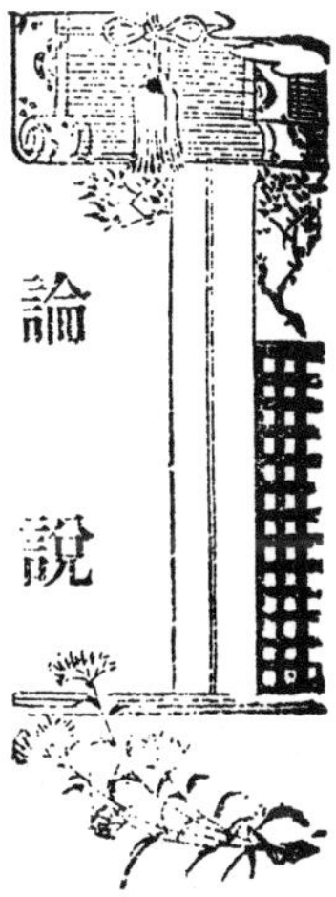

儒教國之變法

願雲

今中國之言救時者舉其概要之事曰辦報也譯書也電爭也而最鄙之一說則曰運動官塲也夫辦報譯書電爭以震盪昏睡愚蒙之世已耳知之事也過此以往則非知之事而爲行之事設也長此辦報譯書電爭而曰中國其不亡也其孰信之然則所謂辦報譯書電爭者以爲有效數年以來其效亦已覩矣此後必當更進一境焉而以觀我國人所能爲者仍不外乎辦報譯書電爭而已嗚呼吾見辦報譯書電爭數十年而坐見中國之亡與夫不辦報不譯書不電爭者其相去固幾何也此當促吾人之一反省者也運動官塲寧曰做官則其言爲近實夫新黨之入官塲者多矣吾見其一入鮑魚之肆與之俱臭焉耳雖然彼熱中富貴者既假運動官塲之一

論說

說以爲幟志懼其言與行之不符而無以對人則又變其說曰吾有待何待乎待有權焉而已夫待者無盡之辭也進一階焉而曰有待更進一階焉而猶曰有待待之又待黃河有時淸而變法無是期何其爲此炫術以欺人也夫人亦孰不欲富貴凡有血氣皆知有金玉錦繡之可樂而飢寒枯窘之可悲然而一二志士以氣節道義之心與富貴利達之心戰而終不以彼易此者誠以處甲乙兩途有所得則必有所失而不欲自汨其本志耳而運動官塲者欲身安逸樂而心誇矜勢利之榮而又欲不失爲變法之功臣維新之元老何其貪也休矣亦姑取貂蟬簪纓以爲君榮幸已矣惟夫舊黨之人爲此事也則曰做官新黨之人惡其名之不美而曰吾將進動官塲以辦事而甚者或且翻五色立憲之旂以引炫人之耳目亦太以人爲易欺矣駮者雖駮恐終有洞悉其伎倆之一時而不甘爲尾生高也夫各國皆有在野黨在野黨之精神不動如山岳不變如金石以與在朝黨戰博最後之一勝而國事乃能有濟若利慾薰心而變幻其言辭曖昧其宗旨以取利便者適足自傷其守而已固在野黨之所羞而不爲也然而數我國救時之士其方法大抵不出上述二類即不盡

然而此固已居其多半吾且無暇舉他辞以相難而詢以變法之事而爲平和而得之乎抑非平和而能得之乎吾見各國之變法者血也淚也頭顱也心膽也其所用之器械槍彈也砲火也匕首也而中國之變法者文字也議論也談笑也其所用之器具筆墨也紙片也（辦報譯書者）手版也翎頂也輿馬也（運動官場者）噫何其各國勞而中國逸各國愚而中國智抑何其各國難而中國易也夫世間一貨一物必拂若干之代價而後能得之其物愈珍者其價愈貴今也希望文明之幸福而欲於嘯傲琴書之側（辦報譯書者）輝煌履舃之場（運動官場者）而日月重秀河山再清之景象已儻乎其若來其亦夢矣彼方昏酣而長歌微吟於其側亦視爲妖言惡聲爲彼所驅逐而已矣（辦報譯書者）彼方抗厲而拜手稽首於其下亦供其頤指氣使爲彼所豢畜而已矣（運動官場者）拯爇者趨拯溺者濡此人情之常而一則從容而理冠髮一則徘徊而待篙檝則爇固何由而止而溺且何自而援也然而我國之士於上兩途若蛾之繞燈若牛之旋磨輾轉回翔而不能出此途其他或不及爲或雖欲爲之其力不集而其事亦不成此於人心風俗之間必有一絕大之原

因與各國異者而後乃有此現象也是果何也曰中國之言變法者皆中等社會讀書之士無上等社會人亦無下等社會人上等社會人入利祿之途離乎讀書之境者也下等社會人求衣食之輩不入讀書之界者也而得讀書以養其智識且不迷於仕宦之途尙能保其淸明在躬者惟一二中等社會中讀書之士故試分權力智爲三等上等社會人得其權下等社會人得其力中等社會人得其智三者睽膈各不相通而後成今日癱瘓疲苶之狀夫旣以中等社會人爲變法之樞紐而中等社會人之本領又止於止而毫無絕特殊常之可言是又何也曰彼其所立之地望與其平日所以養成之性情而習練之手腕者一言以蔽之曰不出儒敎之範圍而已矣儒敎者窮居一室則談道讀書發抒其胸中所欲言而著之篇什冀俗之一悟而世之一悔而其出也必假當世諸侯王尺寸之柄一旦離乎人君而即有不得行其道之憂故有用舍之殊（用之則行舍之則藏）有窮達之分（窮則獨善其身達則兼善天下）與夫耶之以流血行敎（耶蘇敎敢死由耶蘇殺身爲榜樣故）回之以武力行敎（回敎及身建國以穆罕默特用武力主義故）佛之以出家行敎（佛陀

力迥異故儒教者上仰性（近世學者稱中國道德爲一種上仰之道德）之教而非獨立性之教多文性之教而非實力性之教夫一教之行於其地也其漸漬渲染於人心風俗之間每能爲人類造成第二之天性世或習焉而不察馴焉而不究而試取而研究之無不可得其元分子之所在是故刪訂六經窮老著書變而爲今日之面目則辦報譯書是也一車兩馬周流列國變而爲今日之面目則運動官場是也夫時變之來所以試驗一國人之性質也而我國人之經試驗其組織之成因乃如是如是嗚呼吾滋懼矣

論說

日俄開戰與中國之地位

明心

發端

我同胞其諦聽！日俄開戰中國之地位何若！日俄開戰中國之地位何若!!吾言中國之地位吾不能不罵北京之政府非不知其無益也罪孽深重雖欲赦之不可得也。

自旅順一戰日本勝利滿朝之大官親俄者蹙然而懼何以懼懼其昔之與俄廷訂秘密條約冀得分其餘利以自肥者之無效也懼其昔之存欵于道勝銀行以預備亡國民之資格者之又無效也憂愁幽思殆難卒歲親日者色然而喜何以喜喜其將爲朝鮮之金宏集鄭秉夏也喜其不至如增祺之被囚楊儒之被斃也近日北京日本公使館之門首拖花翎者纍纍如蛆然無不捧一紙勝祝詞以獻媚於內田康哉而那拉氏向之以出奔西安迢迢數千里烏知無博浪之椎爆裂之彈之致其老命也今亦高枕無憂矣乃宣言曰中立中立嗚呼獨不思日俄開戰以前中國之地

位何若曰俄開戰之中中國之地位何若曰俄開戰以後中國之地位又何若罔顧大局徒計偸安而猶自以爲計之熟慮之深可責亦可憐矣夫中立者貴具有中立之資格戰可也和可也而後乃可中立今既不能開戰于第二次撤兵之期又不敢明割滿洲奉之俄人則所謂中立者果安所恃耶然則中立者非中立也中立其名速亡其實也夫日俄之勝負無論矣而滿洲則非我有可決他日滿洲或隸于俄或屬于日又無論矣而今日滿洲之民將安所適從耶按國際公法中立之國不得干與版圖以外一切之事既以滿洲爲戰場則生長于其間者將坐以飽兩國之鋒鏑乎抑或託庇于俄乎隸屬於日乎稍有所偏即觸一國之怒嗚呼率民而至於簞食壺漿待於兩境以迎旭旗之來或鷲旗之來者政府之罪尙可贖乎

雖然當今年四月俄國提約七條横肆要挾政府不與以最後通牒相見於砲火之中者固政府之罪也然遷延復遷延因循復因循而我國民亦無一人焉聲政府之罪起義憤之軍先倒政府轉而迫俄國撤兵則我國民之恥又焉可自飾哉蓋日俄自四月以來其各探訪列國之態度也不知其幾何次其各元老大臣之秘商也又

不知其幾何矣其各海陸將官之秘議也又不知其幾何矣而軍事上之事實歷歷在人耳目者俄則有若大連旅順各地軍隊之南移有若太平洋艦隊之增遣有若旅順要塞砲台之建築日則有若京釜鐵道之速成有若春日日進艦之添購有若砲兵工廠之忙迫而二國戰時財政之計畫尤爲累篇連牘看不勝看是皆運籌於帷幄布置于平日豈如我國之痿痺不起一無預備者乎雖然日俄開戰以前時已去矣後悔無及所可椎心而泣血者惟今日以後而已國民國民同胞同胞其亦知中國中立發表之原爲自動乎爲他動乎誰指揮之誰嗾使之誰玩弄之乎其亦知中國中立發表以來列强無一異言者果深信吾國實力足以中立乎抑別有用意存乎其間乎其亦知中國中立發表之果政府蒙其利吾民受其害政府可以安恬如故沈睡如故而戰爭之砲灰之兵費皆吾民當之乎言念及此我心傷矣

且我國奄奄待斃之內情爲日俄兩國勘破也久矣日本知東亞大局不可與支那相提攜乃取直接交涉之方針而今夏之日俄協商起雖然俄亦非懵懵者也彼自租借旅大占據滿洲以來侮蔑我國體殘虐我人民其眼球中尙有我中國之片影

乎然對於日本偏置滿洲問題于協商之外不容日人置一喙此亦交涉破裂之一大原因也交涉既破戰雲方密則二國對我之方法已如燭照而數計矣日本知與我結攻守同盟之無益而反惹法國之注意貽俄人以口實也乃冀北京政府之中立此日本諸新聞之所一致者也而俄則反是上海停泊砲艦孟齊由爾之不退去也東清鐵道强要政府之保護也皆欲破中國之中立者也而所謂政府者直如木偶傀儡聽人玩要一面受推一面受拖一欲南行一欲北向嗚呼中立如是如是雖然吾於政府吾復何責惟有禱告上天俾吾國民早有醒悟奮起之一日而已早有醒悟奮起之一日而已。

第一節　開戰原因與中國之關係

日俄戰爭者醞釀于十年爆裂於一旦何其蓄之久而發之暴也曰是戰也日俄兩國生死存亡之大戰爭也何以言之請先言俄羅斯俄羅斯貧窮北之大野封於冰雪曝於風霜氣候嚴寒土地磽瘠人民生活艱苦異常其不能不探南方侵略之策求不凍港以試其自由活動者勢也然一敗于黑海再敗于中亞不得已而略萬里

不毛之西伯利亞。以期雄飛于二十世紀之太平洋。乃敷設大鐵道。以縮本國與太平洋之距離。更强奪滿洲。以爲根據地。一面創大海軍于黃海。一面備大陸軍于關東。以制我中國之死命雖然不得朝鮮弗濟也于是朝鮮之安全危矣此對於日本之根本的衝突也又言日本日本島國也其不能不握海上力者無待言矣而其人口之繁殖年增五十萬以此遞推日本人口七十年後當達一億百年以後當達二億。增殖無窮而區區島嶼之物產有限。乃膨脹而移殖於外。然一斥於美再斥於澳。世界之中足以爲日本人口之增殖地者僅茲朝鮮而朝鮮之爲日本利益範圍者又英美諸國之所默認者也此對於俄國之根本的衝突也根本如是宜其蓄之久而發之暴也然尋其總因實起於甲午中日之役今試將甲午以後日俄危局史與夫中國之關係約畧言之。

一在韓之角逐

中日之戰局定而朝鮮之獨立成。日本政府亟欲擴張勢力干涉韓廷是時井上馨爲駐韓公使。手定施政綱領二十條。以中央政府爲樞紐。而漸及於地方。訂正

論說

法律。改革制度。朝野人士。咸怖其威。而閔妃一派之怨恨。已蒂固而不可拔矣。及井上歸日。閔妃一派。遂崛起而演乙未七月七日之政變

政變之報達日本。井上公使匆匆返京城。黨日派復得勢力。越二月。三浦梧樓爲駐韓公使。黨日派之勢力益增。至十月八日。日本派遣之顧問一派。擁大院君率訓練兵第二大隊。闖入王宮。劍光截暗。殿裏有聲。而閔妃之血。早濺于白刃之鋩矣。

閔妃雖死于白刃。而黨日派之勢力不特無所增。而反見其減。何也。以閔妃一派之餘黨。悉依俄公使。以謀顚覆黨日派之勢力故也。至丙申一月。國王及世子捧國璽。脫宮殿逃入于俄國公使館。即日發詔解內閣。捕殺害閔妃之首謀者。而訊之。黨日派爲之一網打盡。一切政事。遂皆落於俄人之手。

自是以後。雖有協商以均分勢力。而俄之專橫。漸已暴露。傭兵問題。財政顧問問題。陸續提出。大有不握盡實權不止之意。然卒以物議沸騰。排俄之念炎炎。而不可抑。俄公使斯配埃。乃取退讓態度。朝鮮之舞台一轉。而謀我矣。時戊戌四月

也。蓋自丁酉十一月十四日德意志强借我膠州灣。翌年（即戊戌）三月。俄國亦租借旅順大連灣。至是將殫精竭慮以經營滿洲無暇兼顧朝鮮故不惜以已成之局而讓之日人而不知今日戰爭之因實播種於是也。

（此節未完）

論說

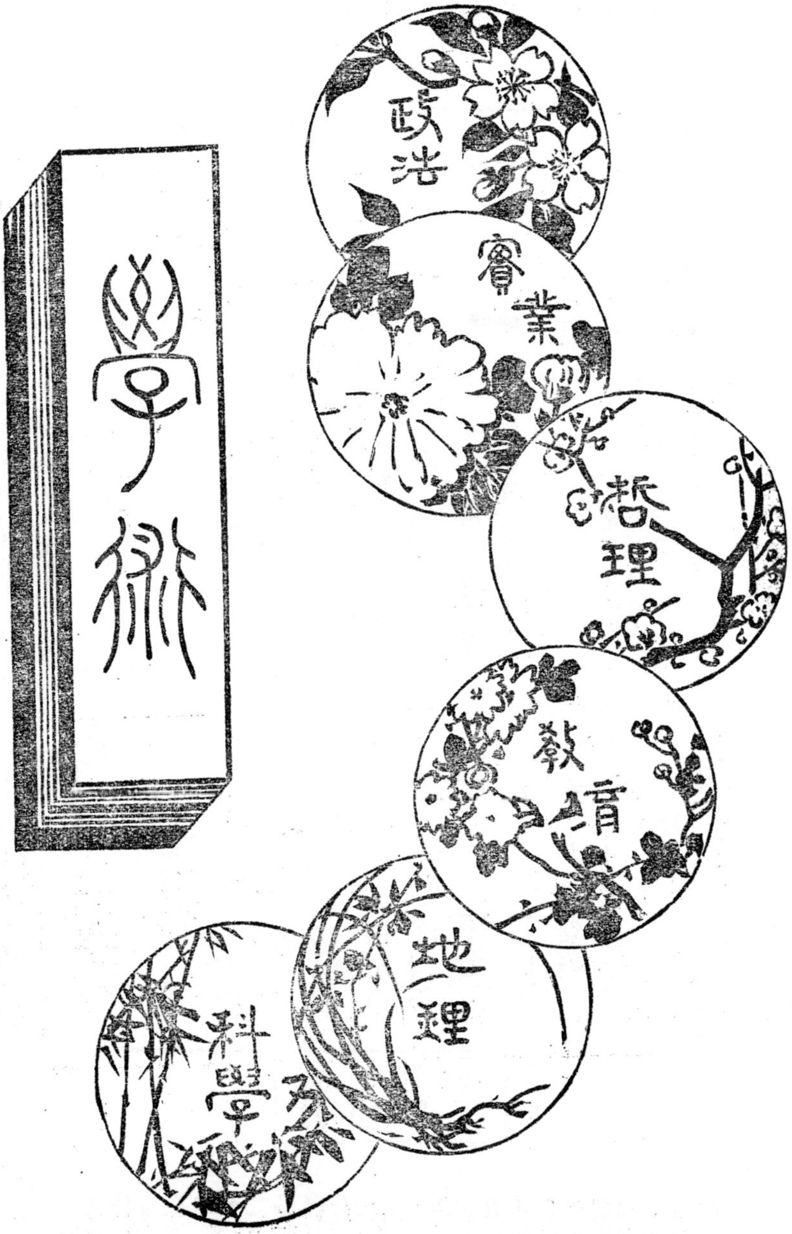
學術
政法
實業
哲理
教育
地理
科學

江蘇第八期目錄

總發行所
日本東京神田區駿河台鈴木町十八番地中國留學生會館
江蘇出版部

圖畫 ◎揚子江航路全圖○日俄當局將相肖像
社說 ◎民族精神論（續前期完）○日俄開戰與中國之關係
學說（五門）
▲政法◎西人之無君
▲哲理◎讀斯賓塞社會平權論
▲歷史◎臺灣三百年史（續前期完）
▲軍事◎俄國軍隊一班（同）
▲實業◎商業發達論（同）
大勢 ◎日俄交涉之顛末○英德於揚子江之競爭○中國鐵路之現狀及將來（附鐵路系統圖）○中國所失礦權之一班○巴拿馬之風雲
小說 ◎章回體▲孽海花○分割後之吾人
說苑 ◎雪湖高士楊碩夫先生傳○英雄逸話
文苑 ◎雜詩數十首
時評 ◎內國部▲祝川漢鐵路公司之成功○浦澤鐵路之計畫○滿洲政府對東三省之舉動○西藏之危機○外國部▲各國對滿洲問題之舉動
調查錄數件

告代派所及閱者

代派所及閱者中如尚有未繳足報資者本報一律停發以前之報歸零售計算其有閱者已付清報資而代派所延不繳出致報停寄者可向代派處索還報資寄總經售處以便直接寄奉或函知總經售所聲明亦可特此布告

總經售所 上海棋盤街明權社

每月一回朔日發行

每冊加日郵三分

全年十二冊	兩元五角	大洋計算
半年六冊	一元三角	
零售每冊	兩角五分	

內地通郵處再加兩分不通處信資自給

政法

法律上人民之自由權

支那子

自由權者人民對國家所有權利之一也考歐羅巴之歷史國家不知經幾番之革命人民不知流若干之熱血始爭得有此權利盖野蠻專制之國家唯恐人民之自由有以制限其專制之權力也當人民智識薄弱之時智力腕力不足以反抗故不能不俯首而聽命迨其文明程度漸高加以時勢之所趨社會變遷之所迫乃不甘受其愚弄於是反抗運動以圖恢復應享之權利試觀現世文明國之人其得熙攘于憲法之下國家不敢任意侵涉且特別而保護之者孰非當時慘澹經營之所致哉

嗟、我國民恒曰自由自由夫自由之權利果爲何物自由之界限由何以分恐吾國民尚夢夢然未之知也吾欲言自由權吾不得不先釋權利之定義權利者何泰西學者學說不一。玆舉其四大說焉。

第一說。謂權利者。法律所創定之物。有強制之力也。此說倡于德國哲學派康德氏。法律家從而附和之。其代表者啓博氏也。

第二說。謂權利者。乃人民之意思爲法律所認許者也。此說亦倡于德之哲學派黑智兒氏。法律家亦從而附和之。其代表爲維德西亞咸民顧反對其說者不少。謂若以意思爲權利。則未成年者及法人等。將不得爲權利之主躰矣。於是利益主義之說出。

第三說。謂權利者。法律所保護之利益也。此說由來甚久。德之法律家伊歐靈克氏昌言之。駁之者曰。利益者能滿足人之欲望。對吾人而最有價值者也。利益有金錢上之價值。有金錢以外之價值。權利者何種之價值乎。權利即利益之謂。斯言也。蓋以利益與權利混合而言之者也。羅馬法之格言。嘗有權利與利益相伴。無利益即無訴權之語。雖然此當時羅馬立法之理由。而不能以此所定利益即權利也。

第四說。謂權利者實力也。此說爲賓林伯黎西氏所倡。以爲權利乃法律所與之實力也。駁之者不少。今畧之。

以上所列四說。各有偏畸之處。未可爲確實不磨之論。今據吾人所深信不疑可奉爲圭臬者而言之。

權利者一人格對國家或個人而有之利益爲法律所許可者也

權利之本質蓋如此。雖然何者謂公權。何者謂私權。亦學者聚訟之點。甲論乙駁。莫宗一是。吾人不遑一一枚舉。據今日法律界所論定一致者而言。個人與個人關係之權利。謂之私權。國家機關與個人關係之權利。謂之公權。自由權者公權中之一也。然而反對之說亦復不少。畧舉于下。以資參考。

齋伊賓爾之言曰。自由權者規定國權之作用。非規定人民之權利也。蓋謂自由者不過法律所不禁之自由。非特別之自由也。

臈巴忒之言曰。自由權者。非定人民之權利也。蓋以自由權無一定之目的物也。

倭德邁愛爾之言曰。自由權者。非眞正之權利。不過制限國家支配權而已。

以上諸說。皆宗自然法派。不以自由權爲權利。不知自由權者決非若自然法派所謂未有國家以前天賦之自由。又非若生理學上所言人間働作之自由。蓋自由權之實質範圍。無不由法律規定。而成個人對國家之自由。經國家之承認而成爲法律上之自由。故特載于神聖不可侵犯之憲法。苟其國家憲法一日不亡。即人民之自由權利。一日不滅。盖國家負不可侵犯之義務者也。夫權利對義務而謂國家對之而負義務。非權利而何歟。東西學者若紀爾克、樓尼克、倭樂克、麻伊爾、寶智奈爾、副島義一諸氏。無不贊成此說。可深信無疑者矣。玆將自由權之種類。條列于下。

第一、住居及移轉之自由

人民自由權中最切要者。住居權是也。國家乃人民組織而成。凡居國家領土之內者。無非國家之臣民。故國家于領土內。許人民自由遷徙不制限之也。

第二、身體保全之自由

文明國人格高尚。雖一髮一毛。不受無理之拘束。故國家不敢妄加以逮捕監禁處罰之擧動。但違犯法律有罪之時。不在此例。

第三、住所安全之自由

住所者。人之日常據以生活之所也。法律上所謂住所者。不妨害其家內安全之謂。故人民苟無犯罪之嫌疑。國家不得于其家內無故侵入之搜索之。以保其安全也。

第四、書信秘密之自由

書信者。一定之人。以文字達其意思于他一定之人。封緘嚴密。非若一般公衆廣告。欲使人人盡知之者也。故國家行政之官府。無論其函內所言何事。除法律者規定之外。不得任意開拆。或洩漏于他人。

第五、集會結社之自由

集會者。以共同之目的。聚合多數之人也。結社者。契約上之關係。爲達其共同之目的。聚多數之人。結契約以期永久繼續其目的也。此項權利。當古代專制之時。國家甚行嚴禁。竭力防備。唯恐人民有反抗之舉動。至近世法治國立法之例。苟不妨害國家社會之安寧秩序。國家決不得干涉。

第六、思想發表之自由

凡人內部之思想。法律固無從干涉之。及其發表于外之後。始成爲法律上之目的物。國家得而制限之。或保護之。以言語發表者。謂之言論。以文字圖畫發表者。謂之著作。以石版木版鉛版發表者。謂之印刷。本苟其不侵犯法律之權限。國家不得無故干涉之也。

第七、所有之自由

所有權者。民法上私人與私人之關係也。憲法所謂所有權者。其用意有二。一則制定國權之作用。使不可侵害人民所有之自由。一則保護人民之自由。若國家行政有侵犯之者。許其以行政訴訟之方法而補救之也。

第八、信教之自由

十八世紀以前。羅馬法王之權無限。歐洲各國之君主。亦羈服其權力之下。故政治與宗教。往往不分。而其威力得壓制人民。使不信奉他教。嗣徑屢次革命。文明進步以來。至近世紀。國政與宗教絕然分立。不相關係。故國家于人民之宗教。任其自由信仰不干涉之。但不得出于安寧秩序範圍之外。概而計之。都凡八種。定爲法典。表諸憲章。共矢遵循。無敢違背。其重視此權利。爲何處也耶。

嗚呼、吾觀于此。吾不禁喟然而歎也。試思吾中國所謂四萬萬之人民。其有完全享有此權利者乎。我國民若欲行其集會結社之自由。聚合多人。連結團體。而政府必指爲亂黨也。謀反也。暴動也。用其專制之威力。以解散之。逮捕之。監禁之。撲滅殆盡而後已。我國民若欲行其思想發表之自由。發揮世界人類公共之原理。而政府必以爲流言邪說。侮蔑朝廷。侵犯神聖也。封禁之。銷毀之。使其說絕于人耳而後快。雖然。吾不怪政府之專橫。而獨怪吾國民之愚蒙也。夫近之所謂文明政府。其未改革以前。誰不野蠻而專制。吾國民何以腦筋中權利思想若是之薄弱。何以視權利若是之等閑。不奮發振作。改革法律。明定權限。以恢復其應有之權利。吾尤不得不怪今之所謂自命爲自由者也。無公共心。無自治力。以破壞團体爲目的。以不守規則爲自由。逞個人利我之心。以侵害公共之權利。乃至身敗名裂。猶侈口于人曰自由自由而使自由之價値掃地盡亦知文明國所謂自由所謂權利經國民公共贊成之法律所認可者乎國家者積人民而成使國家之分子皆知前者所言則國民永無恢復自由之一日皆知後者所言則國民永無安享自由之一日」夫文明國無獨盡義務之人民亦無獨享權利之政府天下最能盡義務而不享權利者奴隸犬馬牛羊是也吾國民若願爲奴隸犬馬牛羊任牧御者呵責之鞭撻之斯亦已矣不然當蹶然而起　（完）

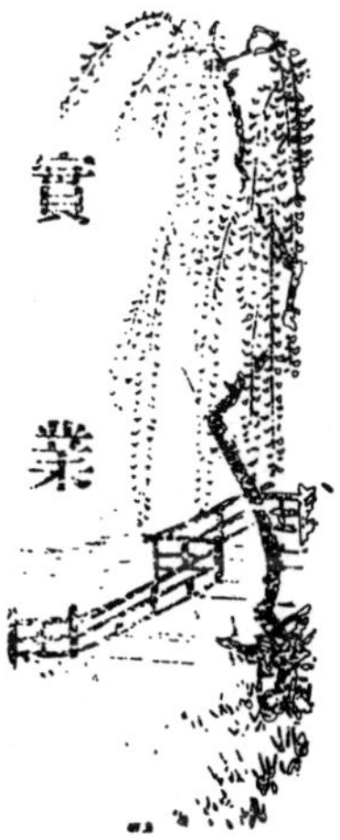

植物與人生之關係（續第九期）

黃孫

第三節一之續

其他有以之製糖者以之製油者以之製煤氣者以之製染色者以之爲西服之襟者以之爲婦人之飾者以之製橡皮者以之製粘性之柔輭體者以之雕字印書者亦有分解材木而紡絲織布者邇來新發明又有以之製酒者凡此需用不遑枚舉以學術之進步而種種工藝上原料幾有悉仰供給於材木之勢西國學者有言他日工業發達地必爲產此原料最富之區回觀吾國固產此原料最富之區也同胞同胞爾有最大之富源在爾最親愛之鄉國爾須自覺爾勿傷大國民之品性二十世紀上以工業戰勝地球擁莫大之巨資享莫大之幸福爾之資格爾之地位爾曾

有望也術曾有望也

森林植物比之栽培植物則彼以生產澱粉蛋白素糖分爲主而此以生產纖維及纖維之化合物樹脂爲主尚有異於彼而爲森林植物所特長者則肥料是也彼穀物與他栽培植物年年於其生產上須多分之燐酸與加里培壅之馬鈴薯欲得相當之收穫平均一平方步其須燐酸肥料五倍於同面積之檜林九倍於松林加里則十三倍乃至十七倍不等森林之費肥料固甚少也其原因蓋以製造纖維樹脂不必如製造澱粉蛋白素者之多費炭分且秋末葉脫墮地而腐翌年啓蟄仍歸原樹樹根入土深至下層吸資養物較栽培物爲多肥料減少之原因不外是矣

二　間接之効益

森林以學術進步而需用日繁其關係曾大矣哉然此僅直接之關係而已尚有間接之關係在其影響被于他物轉以被之人生其重要更有可驚者

森林者雨量之調節器也水旱最大之原因其操縱全在於林木自林學者之研究而知森林地雨量全量二分之五不降于地而蒸發于樹葉櫟葉含本重七倍之水

苔蘚含十倍之水倘川河之發源地樹木鬱茂則雨之大分灑于樹葉而蒸發殘發之水徐徐落地更經落葉苔蘚透地而爲水源以故雨量多時能殺其勢使滙源於地不捷而徐雨量少時能保存溼氣于地中使地脈不燥烈倘濫伐之則夏秋之交大雨滂淳悉落地面滙而爲源其出峽也排山倒海而來大則山崩川裂小則田園廬舍一洗而空者有之矣其水勢奮激必挾上流中流之砂土而來至下流水勢衰則砂土沈積而起河牀使他日易於漲溢已洪水矣又種洪水之果推原其故何一非無森林階之厲哉既易罹水災又易遇旱魃倘蒼蒼者數十日不雨則水源即有告絕之憂漸至赤地千里魚蝦上陸一盂泥水粱肉同價其慘有不忍言者而其大原因皆在于無森林

水平旱乎直接而被其影響者爲農業洪水蕩蕩赤日杲杲食粟之民遂槁餓不能終日矣吾國庚子年陝西大饑人相食問其故曰不雨者一年嗟乎此特其近因耳入其野黃沙白日一望無既山皆窮山地盡赤地童童濯濯寸植不生此即致旱之大原因也若不加意森林恐饑饉之災方興未艾而吾民昏昏不知叩其中因果以

爲此水也旱也皆有冥冥者主宰其中以播弄之時而旱也則向龍王以求雨時而水也則問土地以要晴其愚一至於此豈不可痛然而小民何責也有士君子讀書數十年置身朝右而竟爲此庸惡陋劣舉昏昧無知之舉者庚子聯軍駐津時時方苦旱官吏率農民擊鼓禱城隍歐米賤卒皆目笑之而當事者意氣揚揚以爲吾支那療水旱之災無有出此上者其可痛恨有過于此者乎然而津吏何責也試觀二十一行省中自官吏以至農民有不以祈禱爲療水旱獨一無二之法門者能有幾人語曰國將亡聽命于神意者吾中國之運命果不遠乎

森林與漁業自外觀之若風馬牛之不相及也然而細察裡面則又有重大之關係在彼調和河水之分量豫防河水之混濁種々作用影響直及于魚類尙其次也有特別之効益而爲魚類所必需者其一爲魚類之食料魚類之食料須植物之寄生蟲不觀之釣客乎取植物寄生蟲以爲餌而魚易受釣於以知植物蟲於魚類生活上爲必要矣其一爲魚類之棲息此中關係可觀之海岸而知之者也海岸多森林則魚族叢處于其旁夫近旁易遭捕捉旁人漁子出入於其間胡不逃之遠海隱諸

深潭而必擇是地而居之蓋森林蒼鬱倒映海中沈沈暗綠居其中者可以避敵魚之截擊一也傍近森林易得拋棄之寄生蟲二也魚族孵卵必求易得食物且須海藻叢生易藏其子地面上有森影海藻自易怒生爲魚類播種最適地三也以此種々原因故遂不期而至或以產卵或以求食或以避敵或以休憩森林倒映之海濱寔魚類以遨以遊之樂土也影響所及漁業遂獲豐收老漁相傳有言曰蔽林海岸之魚多而裸出海岸之魚少是則森林之影響超陸入海而爲魚蝦之網龜鼈之籠矣豈不奇哉

第四節　植物與人生之精神

植物之効益於人生不特物質之一方面而已又有精神之一方面在吾且沈沈以思舍吾山明水秀柳暗花明故鄉之樂土懸想平沙萬里黃塵撲面人烟斷絕寸艸不生亞非利加之砂漠外蒙古之荒野東西無以別其方寒暑無以表其節一種蒼蒼涼涼凄凄切切之情景不覺躍然於吾目中吾又騰吾之腦電超黃海越印度洋而遊瑞士之濱巴黎之野則見柳映宮牆花迎人面紅黃靑紫陸離彩粲蝶下至一

學術

艸一木亦點綴得宜吾之心目不覺豁然開朗眉飛色舞嗟乎世界非植物不芳吾人之精神非植物不活植物現億萬化身以點綴此世界或處高山或臨大海或立清溪之巔或植小園之裡以顚倒吾人之感情而人之感之無論貴者賤者逸者勞者哀者樂者得意者失意者皆有以娛樂其靈魂使之夷然自得而不爲外物所束縛大矣哉植物之感化力也今特舉其感化力之有効于吾人者於下

一曰涵養德性　人類者具道德根性之動物也種々善的美的高尙的偉大的沈雄的堅苦的賦於自然蘊於心藏于腦以爲吾人一生行事之標準而非有外物以觸之使動助之使長則日久銷沈無以表見其能力彼植物最能培養此種種性質使漸滋暗長以日進于高明者也其交涉于人也有二曰天然之現象天然之作用植物現種々相以映吾人之眼簾其大者合抱連枝其高者干宵蔽日其老者盤根錯節立久不遷人之見之自然而然起一種浩浩乎周八荒而包六合窮宵漢而薄雲霓之思想久之久之英雄之氣概賢聖之精神由觀感而興起由致知而力行矣此天然現象之影響于德性者也植物自根而幹自枝而葉自

花而果皆有一定之組織即一可以統萬由偏可以知全而又類異族別不相淩雜仿彿一部天然之章程供人摹仿對之者于以起秩序之思想也當春而花至秋而實蟄啓而芽萌霜降而葉落因氣候之影響營種々生活以度此時間對之者于以起勤劬事業之心愛惜光陰之感老冉冉其將至兮恐修名之不立此中感歎蓋必起於楊柳抽芽梧桐落葉之時無疑焉其他師竹之空中而虛懷若谷感松柏之後彫而堅忍不拔效寒梅之耐冷而刻苦自勵其例實多不遑枚舉皆天然作川之影響于德性者也嗟乎自由種子出于日耳曼之森林吾今思之蓋知其非讆言

一曰陶融感情　吾人閉目而思無物有物出沒于吾腦者名之曰心放眼而觀形形色色維陳于吾前者名之曰物心與物相接而感情生也物之大者曰世界曰人類曰國家曰民族下而至于一家一身一事一物每不能副吾心界之所期望而常爲缺陷的罪惡的愁苦的危險的種々煩惱紛至沓來一日十二時能使吾情怡心悅者幾何植物雖不能盡驅吾人之煩惱使歸無何有之鄉然能稍殺

學術

其勢以歸於和善試思吾人當困頓勞弊之時抑鬱無聊之際一度散步郊外則心曠神怡蓋植物能以其美的麗的張羅蜂蝶掩映山川以引動吾人審美之感情吾人感之從前種々不覺爽然若失而轉賞其葉之麗花之紅香之馥馥果之纍纍歡娛之情於焉勃發嗟嗟造物者殆恐吾人處生存競爭之世界有生之苦無生之樂而思解脫之方故特生此玩弄物娛魂品以羈際之安慰之乎就中感情深摯者愛之尤篤人類中之女子學界中之詩人愛植物尤深者也詩人對植物發一種奇趣以供其詩料讀陸劍南海棠之詩觀林君復梅花之作其感情之奇絕可攷見矣

第五節　植物與文化

既知植物於人生心物兩方面有諸種之關係則植物于社會之文化有絕大之勢力可知高原爲遊牧之場而居之者皆蠻族沃土爲農業之地而居之者盡農民爲文化之發起點推其基本之原因無非適於其地植物種類之影響大均是平原也亦因繁茂之植物而住民或爲穀農或爲果農或就他業吾人無煩深攷而能知之

者由是觀之則就其地所最繁之植物種類可決定其原始住民營若何之生活其文化若何迤邐至於今日已爲文明國民所占領矣尙可以此卜其營業之爲何若也

植物種類與文化之關係若是則其各種及全體之分量有大影響于文化可知然吾人不可因植物之大分皆有用于人生而謂植物分量之多寡即可決定文化程度之高下何則植物非常繁富熱帶及煖帶地亦與植物稀少之地同而文化終古不發達吾人一繙地圖而即能發見之者也蓋植物甚少之處不足以供人類衣食之需人類精神全消耗于物質的生活而不能爲開發文明之舉吾人所容易首肯者也反之而植物過多之處可無患矣然有代之而爲患者有利有害之植物雜然叢生于一處妨農民栽培有益之植物一也供給衣食之資料過多能壓抑住民不起新欲望新努力而安于無爲逸樂之生涯二也以此二因其結果焉亦與植物稀少之地同一不能達文明之域然若植物之分量其多寡皆不達于極端其種類之配置與多寡均調則不可付之等閒而爲宜注意之問題矣蓋植物之分量多不足

以壓抑住民之勞力少不足以耗盡人類之精神此種程度斷爲最適于文明發達之所意者其不遠于眞理矣第此程度亦隨時勢之發達而變化即初代文化起于此界限多量之地方漸次遷移于少量之地方是也

結論

植物與人生既有如此重大之關係參午交錯不可卒解大而至一國之文明小而至鄙夫之衣食無不有關于植物是則吾人之對植物宜如何鄭重如何究心上而獎勵農業保護森林下而講明栽培之法討論管理之方以增益國家之財富勉進國民之幸福乎回觀吾國其對于植物一般之觀念果何若食肉者鄙未能遠謀腐敗之官吏何責也獨怪士大夫以日日所食所衣一生命脈悠關之地而竟漠然置之不足重輕竟有不辨菽麥爲何狀松杉爲何物者更何望其有研究植物學森林學之舉哉其結果也遂於農事日窳墨守成法而不知改進他人能收五倍六倍之利者吾民僅收其一森林則更無論矣徧地童童今日議興鐵道其枕木遠販之於日本北海道可恥孰甚也以農業之不振其害直及于工商吾國民而無大希望也

則已若有大希望願我國民一致意于農業森林業也況二萬萬方里中除一二砂漠不能耕植外其他不宜于農業者尙宜於森林業固我黃族於二十世紀戰勝外族之絕好根據地也嗟嗟同胞魂而有知盍歸乎來

（完）

學術

希臘古代哲學史概論（續第七期）

公猛

第四 物理學派

物理學派者。反對從前專於主觀之學說。而觀察萬有。即其狀態以求原理之學派也。攷其性質。如埃黎亞祖意大利。而物理派近密理圖。其講明一源萬變不相背而相成之理。則超越密理圖而為此派之所特長。其主要人物為額拉吉來圖庵披鐸黎安那薩哥拉三氏。

額拉吉來圖 Heraclitus (535 B.C.—475B.C.)

氏與巴彌匿智同時代之人也。富於哲理。有深思。感世事之不如意。常流涕而長太息。以有泣癖稱

學術

埃黎亞學派之說以爲世界唯一而唯一者不動種々變化皆迷罔也額氏反對于此以爲世界原本于一由一而起變化隨成世界此世界乎如水之流如火之然循環流轉息息無間天地之所以成天地萬物之所以爲萬物寔在于此一息不變化而天地萬物亦幾乎息乎然此變化因何而起則以物常具反對之傾向有反對故有競爭有競爭故生活動由活動而成變化而此反對焉競爭焉活動焉變化焉皆所以調和世界使之圓滿無缺譬之弓與琴愈緊張愈保其均調可以方之矣一以萬成而萬自一出然則一果何物額氏以『火』當之火失熱而爲水又失熱而爲地是爲『上道』地增熱而爲水又增熱而爲火是爲『下道』天地萬物無不由此自上向下自下而上之常道以構成之其原力原物厥惟此火大哉火也蓋世界非自天造非由人爲惟此不生不滅之火由一定之量息息以然之又息息以消之之物也

吾人之精神爲純粹無精微之火氣充是則聰慧而活潑不足則冥頑而不靈欲長保此精神之活力須由五官呼吸外來之火氣以補助之氏又視火如神明名火曰

而起者爲唵披鐸黎氏

唵披鐸黎 Empedacles (490 B,C.—430 B,C.)

氏長於辯論達於事理常置身政海然尤長于無形上之理論自奮而講哲學晚年失人望被放於外國

氏之說曰成萬物之元素毫不生滅變化者也萬物之生滅變化不外不生滅變化諸元素相溶合分離而已其合焉成也生也其離焉壞也滅也其寔無一物之能生無一物之能滅不過諸元素之作用人因從而名之曰生曰滅而已氏又定諸元素爲『地水風火』之四者萬物皆因此地水風火四者之元素溶合分離而以之生以之滅然而地水風火四元素皆具有恒久不變之性質不能自溶合之而分離之也於是氏又添以『愛憎』之二力愛爲溶合之原動力憎爲分離之原動力以此二力即地水風火四元素而溶合之分離之遂成世界比之額氏則彼以火爲大原而其變化也出于循環氏以地水風火愛憎六者爲大原而其變化也由于離合雖小有

學術

不同然不以變化爲非是則同也

安那薩哥拉 Anaxagoras (500B,C.—428B,C.)

氏以萬物之元素爲無生滅變化而悉歸生滅變化於諸元素之溶合分離與唵氏之說同然唵氏以元素爲僅地水風火之四者而氏以爲有無數更名日種子其性質千差萬別可分之爲若何小又可聚之爲若何大此千差萬別之種子相聚而成一渾合物埋沒其各各性反若單純之一物其寔異性之各各種子相聚而成者也大初世界一切種子全相渾融成一大團其後異性之種子相分同性之種子相合遂生各各物遷流至今其分其合尚未完了故各各物中尚含諸多之異種就中最多量之種子性質最易顯于外人因名之曰某某非物其中專有是一種種子也大初世界一切種子全相渾融以何因緣而生分離安氏又與唵氏同其見以爲不動之種子外有動之者名曰『怒士』譯言精靈其爲物也最精最純具智慧而有大力能動物而不爲物所動其首事旋轉也分清輕溫燥與重濁寒熱者爲二前者名亞胎爾後者名空氣前者散之四圍後者引居中央居中者排泄水土與石遂成大

地復因旋轉而飛去之石入亞台爾境而熱熾遂成日星由此以往動動不已世界以成安氏學說大畧如此其所云怒士比之唵氏之愛憎較爲靈智然究其歸宿要與唵氏之愛憎同不可謂其全非物質的者也。

第五　分子學派或名阿屯學派

安那薩哥拉之說。種子以外別有『怒士』唵披鐸黎之說。元素以外又有愛憎皆二元論也。循唯物說之傾向尙未十分發達主分子學派則成一完善之唯物說矣。取安氏唵氏之二元論而統一之。其首唱者爲黎烏揭菩 (Leukippos. 500B,C.) 氏德謨吉利圖 (Democritus 460 B,C.—357 B,C.) 氏繼之其說大張然其學說何者爲黎氏之所創。何者爲德氏之所創。至今無從分別以意揣之諸說皆胚胎於黎氏德氏則發輝而光大之使成一完全學說。其功固較黎氏爲多也。然黎氏創始之勞要亦不可沒。

此派起于歷史。而非突如其來者也。取埃黎亞之寔有變爲『分子』而寔有者唯一。分子則雜多。寔有者常住。分子則能動。寔有者有外無物。分子則更認虛空之存在。

與之交流對峙此其根本思想之異于埃黎亞者也至不生不滅平等一如之點與埃黎亞之寔有無以異以比安氏唵氏之種子元素則彼可分至至小而此則不能分割此即分子之眞相也

分子之爲物也又常充保其本體而毫不變化然則此世界萬物種種變化因何而起則解之曰以分子原態之各異位置之不同因各異之原態而時時變其位置世界之所以萬變也變之大者莫如萬物之生滅然而其生也非生不外分子之相附麗其滅也非滅不外分子之相距離而此離附麗也距也非化合溶解循化學之作用不過分子與分子相聯屬分散向已于本性毫不被以變化者也

關于世界而立說曰分子自無始以來下降于無涯之空間其所具重量各各不同速率因之有異重者速而輕者遲重者追及輕者而生衝突起斜射之運動遇更輕者又生衝突又起斜射循此以往遂成旋渦因旋渦而類似之分子相集合大且重如水土之分子引居中小而輕如火空氣之分子周于外引居中者成天周乎外者成地作一團體即一世界也太虛廣漠分子無量其相結合之團體無量即世界無

量吾人俯仰之天地不過諸世界中之一分而已而此團體與彼團體有相衝突之時故世界終有破壞之日其下降也即分子之運動非如安氏所云有『怒士』者主宰于中寔分子自具之能力不期然而然者也無以名之名之曰『運命』

人之靈魂亦分子也其質爲圓滑微薄而易動之火以故易散失于體外須時吸空气中之新分子以補助之此分子乎瀰漫全世界人得之以爲靈魂一旦消失則能力滅亡吾人之知覺寔此分子之作用也外物之分子自五官流入與吾靈魂之分子相觸而知覺生也有如聲色與吾體固相隔也以其至微之分子流入吾耳目與吾靈魂之分子相觸吾人於以知之然而五官之知物能知物之外形而已物之眞相不能知也能知物之眞相厥唯理性之作用而此理性之作用究其所論仍不外分子之運動夫同此分子之運動而或爲五官之知覺或爲理性之知解其分別若何且物質之分子能具精神之作用其故若何此寔唯物論之難點而不易解釋者也

德氏之道德主義以快樂爲標準別爲肉體上之快樂與精神上之快樂肉體上之

快樂以醫欲求上之痛苦而已無是道者要以精神上之快樂爲貴然欲求精神上之快樂其道唯何德氏以爲在節制與知足慾望者無限無以節之雖窮貴極富亦不能飽其慾壑而終身在失望愁苦之場矣苟其不然雖貧賤亦足自娛故君子樂己之所有而不慽己之所無又曰克己者勝利之最高尙者也又曰人之快樂在內界而不在外界苟向外界而來之其道誤矣歡喜與安寧寔吾人之快樂也又曰眞正之快樂捨正義自覺外其道無由畧舉一二可以見德氏快樂說之眞髓矣

第六　詭辯學派

竭人智以探討義理創新見立異論鼓蹀一世待至思想告罄蹁躚一處遂悟人智譾短宇宙之原則世界之大道終非人智所得窺馴至萬事萬物無所不容其疑者寔古來歷世所數々見其反覆者也希臘哲學盛極一時馴至思想涸盡亦遭遇此不可免之運命以待新氣力之發生

此學派尙辯論主應用末流競爲空譚風靡一世其中最知名者爲普羅特哥拉(Protagoras 481 B.D.—411 B.C.)氏哥智亞(Gagias 485 B.C.—380B.C.)氏希亞

比(Hippas (died abut 490 B.C.))氏普羅狄加(Drodicus)氏等

普羅特氏之根本思想在『人者宇宙之權衡也』之一言其意蓋謂宇宙之眞理悉在人之判斷由人之思想而成主觀的相對的而非絕對的不易的者吾人之知覺不外外物觸吾五官時之關係若吾人之感官變則知覺不能不變以故同一理也甲以爲眞理乙以爲非眞理前日以爲眞理今日以爲非眞理其是其非寔懸於其人其時感官與外物相觸之關係若何而不能定何者爲眞理何者非眞理蓋眞理寔爲主觀的相對的一人的一時的皆是而皆非也哥氏繼之創虛無論其說曰(第一)寔在者不在(第二)假令寔在而存在吾人不能知之(第三)即使寔在而存在吾人能知之吾人不能通知於他人其(第一)證曰使寔在而存在將永存的者抑降生的者使爲降生的此則不能不自不在生然而不在不能生在使爲永存的者是無始也無始即無窮無限此無窮無限之物即欲存在恐無處可以存在蓋不能有比無窮無限再大之物以爲此無窮無限存在之鄉也(第二)證曰夫寔在與吾人之思想爲別物也明矣寔在于思想上未必寔在于事寔上使思想所寔在必

爲事實上所寔在則種種差謬之事實必不容在吾思想上而何以海上駕車空中飛艇諸事寔事寔上所必無於思想上固確乎其寔在也故寔在之存在于各洲之思想上無從知之（第三）證曰夫眞理與各種記號其相別也明矣言語者記號也如何能以言語之記號將吾人認識之眞理達之他人譬之色之智識在于吾心中者何法能移至他人之心中甲心中所有之觀念欲使乙心中全時亦有此觀念必有所不能此寔自明之理而不容疑者也希氏普羅狄氏又繼氏而創種種懷疑記其先僅於及宇宙之大道者終至宗教道德法律無所不容其疑於宗教則創無神論於道德則以爲吾人無事不可爲而皆合於理於法律則以爲壓制人類之具使吾人反乎自然寔法律階之厲也似此暴行邪說蜂起蝟集希臘之風俗人心遂汲汲不可終日矣

當此學說風行之日人失眞寔之思想陷於空誕浮華風教墮落仁義墜地實自然之勢也於是蘇格拉底起矣救已溺之人心挽狂瀾于旣倒希臘哲學復放光明離空想而涉實際自天上而下人間

（未完下續）

鐵血主義之教育

霖蒼

德相畢士馬克之言曰。天下可恃者非公法。惟有黑鐵耳赤血耳。請本其主義以談今日中國之教育。

中國無教育有之舊教育非新教育奴隸教育非國民教育古昔孔孟雖倡新王民貴之學說呼號於教育界然不能離立於時君勢力範圍以外故於社會之影響殊覺簡單漢唐宋明來教育更晦雖談經講學矻矻孜孜而局於個人無關社會況加以專制政體歷代相沿毋或貴族有教育平民無教育男子有教育女子無教育國家思想且消滅尚何種族思想之有故當其受本民族之教育也其現象也則為四十八萬人之頌新莽及其受異民族之教育也其現象也則為大江南北士人之爭

習蒙古文由前以觀是劉裕之移晉祚朱溫之篡唐統於民可謂有功由後以觀是王猛之事符秦崔浩之官後魏於己未爲失德也教育世界長此黑闇沈沈奴籍萬刼不復任教育者罪奚以辭

而論者曰此舊教育然也則請言新教育戊戌以來自政府官吏以至鄉老士人無不知教育爲急務然而學堂雖立管理無方所謂大學中學小學蒙學者所定學制不相系統且查辦學生有之封閉學社有之此固野蠻舉動不足論論任教育者之內容則又教授無術訓練無法如庸醫然古方雜用百藥並進醫之原理病之現象皆所不察略勝一籌者形式似矣而精神嗒然教者既無確定之宗旨學者安有共同之志願徒虛耗青年學生之黃金時刻而已日本加納治五郎曰古之教人以入官也今之教人以保國也斯言也可爲中國司教育者警又波多野貞之助曰凡觀學堂中教育之善否須視其師弟之感情若何斯言也可爲中國任教育者警

而或則詆之曰此奴隸教育非國民教育夫國民教育誠善矣然所謂國民教育者乃以自古特殊之種性風習能力道德保存本民族之血統也故國民以國家爲民

族之範圍凡異民族則必以非種而鋤之今不分解元素而被異民族之吸力受其同化漸失種性而貿貿然言國民教育試問國是誰主民為何族主奴倒置種族維糅辱莫大焉恥莫甚焉故國民無種族思想不足與之言教育也

法儒李般之言曰無種族精神者不可以立國若是乎我同胞欲有國民資格當先有種族思想溯自春秋以前猶有所謂河流民族江流民族塞外民族嶺外民族者何獨於今而此義熄焉豈人格之果不全歟抑天良之或盡喪歟然思夫開闢最早文明最先有四千餘年之歷史有二萬萬方里之大陸之一大民族其勢力之雄厚出於天然度必不至消沈閴寂竟無豪傑之士演出偉大事業以發揚黃裔也而卒不聞有光復舊物以奠我同胞者無富於種族精神之教育家以教育之故

今日教育之目的在合道德之特性智力之特性以振起我同胞種族之精神而已

傳曰非我族類其心必異蓋種族同則心性同種族異則心性異惟其異也故不惜殘殺我殄滅我以逞其水草游牧之慾殘殺不足殄滅不盡於是舉我三代以來固有之教育而敗壞之建學宮以誘之設學官以董之而製造奴才歲不下數百萬近

知腐敗教育之不足以錮漢人之心也於是有所謂學堂者以奴隸教育蠱之惑之鉗之制之有不受此愚者逮捕之勒死之使終不能發達文明之教育彼果何爲者蓋惟恐種族精神之團結而將有不利也

夫處此至危至急之秋而囂囂然昌言教育欲於迂緩漸進者而收功焉而獲効焉不無有河淸難俟之感然而必基本於此者蓋有所鑒也當夫金田倡義揭大復讐之主義而挾其如潮如焰之氣概擁百萬同胞以臨之何魁不殲何殘不取乃卒敗壞於自殘同種之二三同類夫此二三者其文學政略彪炳人間顧何以戮同種媚異族甘心使同胞世世爲奴隸無超昇日如此曰不受教育故無種族思想故無國民資格

教育之關係旣如是之大且要吾黨焉得不主張此義敎之誨之發揮而光大之此非一人之私言也世界文明國已有行之者日本當明治初年有新政府無新社會教育家福澤諭吉者創辦慶應義塾以獨立自尊之主義教育社會卒成維新之功法當十八世紀君權極盛教育家盧騷著民約論大唱導天賦人權之說以自然主

義提倡敎育卒成革命之功故掀天揻地之事業未有不出於敎育也種子既播結果自成但敎育之方法尤不可不研究之昔法之軍人學校以普法戰紀爲敎科書英之牛津大學食室及休息室中遍懸偉人照相日之小學校施以元寇油繪圖此所謂感情的敎育也故論今日中國之興學當以無形之感化爲要毋惑於帝王之謬論而放棄天職毋囿以道德之範圍而煽颺奴性斯爲此主義之敎授法

世界民族主義之膨脹往往發起於敎育而各國即利用此膨脹力以抵制外人故按其敎育之程度即可知其國力之虛實是敎育者保國之要物也今日者瓜分之議將實行之哀我中國淪胥以亡然與其爲隨主被虜之奴隸而亡何若爲獨立自主之國民而死孔子之敎育也曰殺身成仁孟子之敎育也曰以道殉身孰主張是請自隗始

是故波蘭之亡亡於無敎育也非亡於黨爭也印度之亡亡於無敎育也非亡於公司也安南之亡亡於無敎育也非亡於法人也豈眞無敎育無種族思想之敎育也

若我黃裔昔嘗一怒而苗蠻鬼蜮遷徙深山再怒而胡羯腥羶竄逃塞外雖中世以還嘗爲北方人種所蹂躪所蟠據所壓制而我同胞之不忘祖國者所在多有誠能如馬志尼之力排異族作少年意大利令以教育國人如盧騷反對政府作愛彌爾以教育國人吾黨小子必有知所裁者

俄人何以攘蒙古西班牙人何以逐沙蘭生人對異族也俄人有種族思想故能稱雄於世界西班牙有種族思想故能並峙於列強日本以大和民族自尊曰耳曼以森林民族自別故能稱帝國於東亞立聯邦於歐洲彼何爲者而能若此入其國境則學校普及攷其典籍則學制秩然然後知彼民族知識技能道德程度之高皆教育之力爲之也嗟彼猶太溯祖宗故國而無從緬想安南睹父母舊邦而非昔由是觀之無教育即無國無教育即無民

今試洄溯黃河流域揚子江流域珠江流域白河流域縱橫東亞大陸遍布此主義之教育優游浸滋而灌漑之而陶鎔之激刺以外界之時事浸潤以內界之感情安知漢種之不爲菲律賓不爲杜蘭斯哇與日者光復舊物宏我漢京執牛酒以告軒

轅氏之靈未始非教育之功也而或不然宗旨不定精神不存忘大仇恥以聽命異族冀全性命以獻媚外人雖昔昔研究教育舌敝唇焦以談教育學吾烏知夫此教育者不又為殺我同胞之一新銳利器也是故有誓流赤血之宗旨而後可以言教育有不畏黑鐵之精神而後可以任教育

怒髮衝冠凭欄處
蕭蕭雨歇擡望眼
仰天長嘯壯懷激
烈三十功名塵與
土八千里路雲和
月莫等閒白了少
年頭空悲切　靖
康恥猶未雪臣子

教育

學術

恨何時滅駕長車
踏破賀蘭山缺壯
志飢餐胡虜肉笑
談渴飲匈奴血待
從頭收拾舊山河
朝天闕

地人學（續第七期）

壯夫

第二章之續

海國

吾述至此眼光爲之一移感覺爲之一變宛若鵠立于海濱見夫淼渺無涯雲煙萬里白鷗靜宿碧海磨靑銅倏忽颶颱一襲天地冥冥狂濤澎湃帆折檣傾此奇容此妙趣此豪觀淨我靈臺舒我懷抱壯我英氣擴我膽量嗚呼此殆海國之特色歟吾今請先言海洋與人生之關係一海洋與呼吸器之關係也寒煖之劇變易致肺患而海洋善能調和之故肺患者航海可以治之然則海洋者肺患之良醫也二海洋與視官之關係也漁翁之視力銳敏而能遠望蓋終日極目于水天彷彿之際與夫

埋身于黃塵萬丈之中者固有大不同者在焉此二者關於衛生者也三海洋與漁業之關係也海之生產物既無須如陸穜者之煩耕耘施肥料而其收穫則遠勝于陸穜故現今列國之不遺餘力汲汲乎惟得制海權是謀者漁業其亦一重要部分也四海洋與鹽業之關係也大海之水平均含三分五厘之鹽量有此無限之原料苟能講採取之方法則利益實有不勝言者此二者關于產業者也他如利用波動則電界起一大革新利用潮汐則鹽田之注入可以不勞人力綜觀上之所舉其有一事無關係于人生者乎然要皆屬於有形者也更有影響于無形者則心情是也一影響于精神之自由者觀海鷗之逍遙鵬鵰之飛力能不生羨慕之念而轉恨身無雙翅以脫奴境之牢籠以破惡風之穽檻乎壓迫狹隘吾何以堪二影響乎心靈之清淨者浩浩乎如馮虛御風而不知其所止飄飄乎如遺世獨立羽化而登仙此蘇東坡泛舟于赤壁之感賦也江水猶然況於廣大無邊之巨洋乎氣清風暢恐天堂之樂亦不是過汙穢腐敗吾何以堪三影響于氣魄之剛毅也慣居於怒濤洶湧乾坤顛覆之際者其氣魄必與尋常異無恐怖無畏懼乘長風以壯我氣破巨浪以

問我旣涉足重洋有如履平地者軟弱畏縮吾何以堪四影響於美感之愉快也大鯨出沒於潮頭暾朝燦爛於水平線外孤帆歸鳥點綴於殘霞漁火標燈隱見于夜景變遷瞬息氣象萬千有如畫圖之卷舒而不已者荒陋鄙野吾何以堪噫特色如是宜其山國人民驚倒嚇倒平原國人民羨極而妒極也

雖然此猶理論未證之以歷史者也則請以歷史證之夫防禦與交通立國于競爭世界之二大機關也而與海洋有極大極密之關係埃及自古以來受外敵之攻伐較少於他國而又能大啓文明於太古時代者何也曰惟東控紅海北臨地中海故當希臘文明方在萌孽亞細亞大王澤耳士挾其雷霆之威而終不能摧折者何也曰惟海故英吉蘭孤立於北海一島國耳何以西王腓立布二世之艦隊不假人手而散亂於四方何以以拿破崙大帝之兵略而不得占六時間之海峽擅有權曰是惟海故蒙古忽必烈之盜有我神州也犬羊入主天地腥羶軒轅遺裔皆俯伏於其足下而不敢動顧何以獨不能逞志於茶爾三島之日本曰是惟海故由此觀之護國家之獨立泯夷狄之來侵海之價値固不下於山也此爲海洋與防禦之關係

一千英里之沙漠需六十日之旅程然風帆船雖遲笨半百日可以橫斷大西洋（大西洋橫長二千五百英里）矣陸行有鐵道可謂便利矣然一噸貨物運百英里運賃非三圓不爲功若汽船則僅課十五圓可以渡過世界莫大之太平洋（太平洋橫長四千三百英里）而有餘裕矣然則海路之迂回終不至若山路之險惡難行而海水不通之處必爲荒陬僻壤無疑也海也者非圍鎖我而開放我者也非障害之物而最便交通之物也此爲海洋與交通之關係

要之海之歷史進取之歷史也擴張之歷史也獨不見夫腓尼西亞乎惟據于海故能以長二十八英里廣平均一英里强地味瘠惡不適農作之低隰而通商貿易捲地中海波羅的海沿岸諸國而有之又不見夫雅典乎惟濱於海故能以彈丸小國執牛耳於希臘垂文化於後世又不見夫文尼斯乎惟浮於海故能以一市而握全歐諸大國之富之權以待其操縱又不見夫荷蘭乎惟突出于海故土地雖小而猶不失爲歐洲第二等國又不見夫不列顛乎不列顛之所以雄視環球輝國旗于大陽出入處者一言括之曰利用海而已矣回首而顧印度惟不據于海故印度之文

明遂爲世界絕種之文明又顧奧大利惟瀕海之地少故不得伸羽翼于歐洲天地以外而內部且有腐敗之虞又顧俄羅斯惟不便於海故乃毅然集全國之財力兵力以注入于極東奪我旅大佔我滿洲經之營之猶以爲未足更着手于韓半島有不得朝鮮海峽不止之勢野心勃發誠可嫉惡然亦由其本部之廣漠而不適于用使之不得不向外攻也。

觀于此有不可不注意者一事焉。則今日世界之趨勢與夫吾中國之危機是也英國先哲威爾泰曰。『統御海洋者可以獨擅貿易獨擅貿易者可以專握世界之富利專握世界之富利者可以管轄全球』又德皇威廉曰。『吾國之前途在乎水上。吾德人宜熱心于海事。或于快舸競爭或于遠洋航駛或于海軍操練吾德人之熱心于海事者愈多。則吾德國將來之希望亦愈多。何者吾國之前途在乎水上也』又德國弗茘特立曰。『海洋者世界之大路也。國民活動之場所也。萬國民表實力角勝負之戰地也。是故國民而無船舶。猶鳥之無翅魚之無鰭。獅之無牙軍人之無武器者也。國民而無船舶。終爲異國之奴隸而已。』嗚呼。明哲之言。誠有驗也。爲問二十世紀之最大舞台非吾國所濱之太平洋乎澳洲之勃興日本之發達歐洲諸民族之移殖于亞細亞大陸之東岸非明證乎今年五月十三日美國大總領羅斯福鼓舞其國民之演說滔滔萬言（大至謂中國將永無存立之日美國益當增進商業與陸海軍之勢力以連結太平大西兩洋岸以擴張其帝國領域）吾國民其亦聞乎潮自白人之用殖民商業二政策以開世界之趨勢也于南北美洲而南北美洲白于澳洲而澳洲亦白于非洲而非洲亦白撒哈連之沙漠無一粒不白于是白支那之問題起矣同一白也而方法不同不以陸軍而以鐵道不以海軍而以航業勢力範圍既定而支那大陸白于無形矣即全世界之大陸亦白于無形矣（日本於我國固亦有勢力範圍然較之白人其廣狹相差甚遠故有白世界之名）是故支那大陸之處分實世界大陸最後之處分也處分既當列强對外之磁針突然起一大變則二十世紀之制海權問題是也制海權問題起而絕海孤島之問題亦隨之而起矣而水產業振興之問題亦隨之而起矣（雖絕海中之無動物無植物之小島亦相競而占領之而水產業問題尤爲注意例如俄國于去年春有萬國

水產大博覽會之設。與國于去年秋亦有萬國水產大博覽會之設德則有海洋學博物館之特設。美則擬創水產大學校其餘海洋調查會指不勝屈。而海峽港灣防護之問題亦隨之而起矣（海峽港灣之于制海猶人身之于生理系統海峽其咽喉也港灣其臟腑也）而最可椎心泣血者則以與我中國有生死存亡之大關係也嗚呼我國嗚呼我國民試繙地圖而哀誌之制海上之緊要區域割棄者幾何被領者幾何勢力範圍圈定者又幾何僅就地理上觀之我中國尙有雄飛之望乎。觀雲氏中國興亡一問題之地理篇言之愷切。可參觀。今特錄一節附於左方。

（上略）使我民族而萬刧不復。永無立國之期也則已設也有立國之一日。而國于太平洋之上。不能不有太平洋之權力。欲有太平洋之權力。不能不有太平洋之海軍。欲有太平洋之海軍。不能不有太平洋中國岸良港之根據地。而此若干天造地設。山環水匝。祖宗留遺之地。若所謂香港舟山秦皇島威海衛膠灣瓊州三門灣澳門旅順大連灣諸處者。豈能返之自英自德自俄自法自意大利自葡萄牙諸國之手乎。即偶有留遺之處。可爲重立海軍之所。而厠於英於俄於法於德於美於日諸强國之間◎又豈能分其勢力◎不爲其所壓抑◎而能自成立乎◎曰占領◎曰割棄◎曰租借◎曰毋讓與他國◎曰勢力範圍圈◎又豈有還我主人◎復見歸來之一日乎◎嗚呼噫嘻◎平日之棄一港◎讓一地◎以爲無關大局◎而烏知已幷我子孫立國之根本◎斷送于渾沌政府寫條約蓋御印之一日◎以數十處海港爲鐵案◎而中國眞無回復之一日矣◎當輪船所經◎瞻望雲山◎又烏能不悲從中來◎洒萬斛之淚◎以送此殘山賸水也◎

（此章已完）

說合金

定義

凡數種異類之金屬、或金屬、與非金屬、合成之物質具有金屬性而其成分之分析又兼可以用物理上及化學上之法處之者曰合金。

合定之研究

自十六世紀至十八世紀之間以研究合金著於世者得四人而其所研究之目的各如左

一、牢姆兒氏、 研究金屬加熱時其分子間起如何變化之關係

二、藷婁兒脫氏、 闡發金屬鎔鎔時能互爲之溶媒之關係

三、麥思亨勃婁氏、 說明合金之器械的結合力。

四、亞楷兒特氏、推衍金屬之電氣作用。

牢姆兒之堅鋼說。創於一千七百二十二年。其說明分子間之關係。與現今之學說甚近其言曰凡鋼鉄。一經加熱則其分子間所含有之硫黃暨他鹽類與鉄之分子互相斥逐而分離致失其本來之位置遂生一種極微之細隙於分子與分子之間故鋼鉄熱至極高溫度徐冷之分子自復其本位然驟冷之則硫黃暨他鹽類不及復歸本位而常留於此空隙間故已受此作用之鋼鉄其物理上之性質較前所謂軟鋼者迥異。此牢姆兒以分子變化之關係而說明堅鋼之理者也。

蓋婁脫氏曾以種種實驗。證明金屬鎔融時。能互相溶解之關係。並舉一例以說明之曰金與銀之混合物雖能以鐵與硫黃之作用析出之而銅與鐵之合金不能以金或銀之作用使銅與鐵分離者因銅與金銀俱有互相溶解之性故也氏所著之治金化學中。曾載有各金屬互相溶解之溶解度表一篇以表其所研究之結果。十八世紀之始麥世享勃婁脫氏。始着手研究合金之物理性質並著一書以專論各金屬之凝結力與外力相對之關係現今之錬鋼學能如此發達者。氏提唱之功

實爲不小也
千七百八十四年亞楷兒特氏復出一書論各金屬之導電度與導熱度俱有密接之關係亦爲後世電氣冶金學之鼻祖亞氏所研究之範圍甚廣而其最要點則電氣與金屬之關係也
至十九世紀之始研究金學輩出如杜哈美兒氏來格拿兒脫氏歐曼氏等俱有功於斯學不少至麥脫亞生氏之書出而合金學斯大備也
研究合金分及之組織决非易事然可以下諸法間接證明三
一、以合金之性質與其所合成各金屬相比較
二、細究各合金之由液体而爲固体並由固体而爲液体之作用
三、測定其固体時所有物理性質之恆數如鎔融點比重比熱電氣抵抗力電動力並其器械的性質如靭性擴張性等

合金之製法

合金之製法理論上可分爲三種

學術

一、鎔解法。

二、壓搾法。

三、電合法。

右第一法後製合金最便之法。如一種金屬鎔融之後。再加他種金屬。或爲液体。或爲固体。俱可。而如此所得之合金。其性質與本來所組成之成分金屬全異。

各種金屬俱有一定之鎔融點。則其鎔融時所需之熱量。亦爲一定。然數種金種鎔融而爲合金時。往往有發熱而其度高於所需之鎔融熱者。或收熱而其度降於所需之鎔融熱者。今舉例如左。

鉛十錫　此兩種金屬相加而爲合金時。吸收熱。故溫度下降。

鉛十銅
白金十錫
銀十錫　此四種合金相加時。俱生熱。故溫度上昇。此外又有發熱極少者。非極精密之溫度計。不能測知也。

銅十方鎔之錫)

又錫、鉛、鉍各等分。加水銀八分。則能使攝氏一七度之溫度。降至攝氏零下一〇度。

故利用其溫度下降之性質有時亦可作生寒劑用也。

凡各種金屬之極細粉末加大壓力即能合成一塊而此時所需壓力之度各如左。

鉛　一三頓(每一平方英寸之壓力)

錫　一九頓(仝上)

亞鉛三八頓(仝上)

銻　三八頓

鉛　三八頓

鉍　三八頓(仝上)

銅　三三頓(仝上)

又鉛如加壓力三三頓。則成液体流出錫則爲四四頓。

依上理斯拍林氏即推得一法。以爲金屬之細末既壓之能爲一塊。則以此法製合。

金亦無不可因此而求一實驗之結果如左。

鉍	一五分
鉛	八分
錫	四分
鎘	三分

依上配合量。先以上類種金屬之細末混合。壓之使爲一塊。復取出之而挫爲粉末。再壓之使爲一塊。如此反復行之。務使其金体均一。則其所得之合金。與第一法所製者無異也。

除上二法外。更有所謂電合法者。如黃銅、青銅、綠金、暨他各金銀銅之合金。俱可以此法製之。現今之電金治金學。皆應用此理者也。

合金凝固時之現象

凡數種金屬鎔解時。雖可互相混合。就徐冷之或驟冷之。則其混合中之各金屬。俱有互相析出之性質。其作用正如含不純物之水然。一經冰結。即將其所含有之不純物析出。合金凝固時亦如此。其凝固點高者。先自其凝固點低之金屬分出。反之。其鎔融時鎔融點低者。亦先自其鎔融點高之金屬分出。如鉛與亞鉛之混合物。徐冷之。此兩金屬殆全然分離。其聚於一邊者。碎之。其性甚碎。故知其爲亞鉛。聚於反對之一邊者。展之其性甚軟。故知其爲鉛也。又銅與銻及鉛之三種金屬混合物。鎔觧之而註於圓筒狀模型中。銅與銻互合結合而鉛自分出聚於圓筒中心。故待其旣冷後。取出而橫斷之。其外面包紫色環狀一層者。卽銅與銻之合金。而在中心者。因其顏色性質易知其爲鉛也。銅與銀之混合物。其作用亦頗類此。惟依銅與銀分量之多寡。或銅包銀在內。或銀包銅在內。則爲其固有之現象也。以上之事實。雖如此。然究不能全然分出。故鉛與亞鉛之混合物。依凝結法所得之鉛塊中。約含百分之一·六爲亞鉛。亞鉛塊中。約含百分之一·一爲鉛也。

據現今之學說。則銀與銅之混合塊。其內部之構造。實非均一。來伏兒氏。曾以直徑五〇粍之球形鐵模型。試鑄種々配合量各異之銅銀合金。而得一結論曰。凡各種配合量之銅銀合金。惟內含銀七一·八九分者。其內部之構造。實爲均一。云故來氏以爲如此合金。可視爲有一定化合式之化合物。由此外各配合量所混合而得者。卽此有一定化合式之化合物。與過多之金屬之混合物也。至一千八百七十五年。絡拓兒志、與斯登氏。復經各種實驗。遂確認來氏之說爲精當不易。就銅銀之合金。

其內部之構造均一與否與其冷結時之方法亦大有關係故因其冷結時情狀之異其構造亦必略有變動也

鉛與各種貴金屬混合時如貴金屬甚少則冷結後貴金屬常聚於中心又白金一〇〇分與黃金九〇〇分之混合物冷結後其中心殆全爲白金而其四周則爲黃金九〇〇分與白金九八分之混合物可知互相分離之性不獨貴金屬與尋常金屬如此即貴金屬與貴金屬亦然也

要之兩種式兩種以上之金屬互相混合其結合時非如化合物之有一定比例而其結合力亦不能如化合力之强故時有析出之處然合金雖可以任意比例混合之其恰好之配合量亦常若有一定則爲合金應用時之最要點也

合金之物理性質

一、鎔融點

凡數種金屬之合金其鎔融點必低於其本來合成金屬之平均溫度且有較平均溫度相差甚大者如錫之鎔融點本爲一三〇度鉛之鎔融點爲三三〇度而錫六

三分與鉛三九分合成金之鎔融點乃爲一八〇度。又如玟塊金之鎔融點爲九五度。木金之鎔融爲六八度則遠較其成分金屬之鎔融點爲低也。其成分各如左。

玟塊金　鉛八分　錫三分　鉍三分

木金　鉛八分　錫四分　鉍十五分　鎘三分

此等現象皆合金中所宜注目者也。

二顏色

數種金屬結合常生一種特殊之顏色。灰色與白色之金屬相合。其色雖不大變。而紅、黃、白、灰、等如相合。則變色之性甚著。如銅(紅)亞鉛(灰)相混合或成黃金色。或爲棕色各視其配合量而異。又黃金如含鉛一〇〇分之一。則爲白色含鉛一〇〇分之二三。則爲紅色等皆其例也。

三、凝結力

合金之凝結力常較純粹金屬爲大。如純鐵其性甚軟。不堪供用。略加炭素。其凝結。即甚大也。

四、堅性

合金之堅性亦較純粹金屬爲大故金銀等貨幣常與銅爲合金製之。

五、脆性

物質堅者其性必脆故合金之脆性亦必與其堅性之增相對待如鋼鐵等即其例也。

六、密度

合金之密度常爲成分金屬平均之密度然有時如其容積或有增減則其密度因之而變。

七、電氣抵抗力

純粹之金屬其電氣抵抗力常與溫度成比例合金則不然故合金電導度之曲線可分作之部。(一)B字形、(二)L字形、(三)直線。

(完)

德意志之新政策

維曾

嘻、條頓民族之新建國！嘻、條頓民族新建國之新政策!!

夫德意志自組織聯邦以來至今不過三十餘年耳。挾其蓬蓬勃勃進取之氣象。一躍而爲世界之陸軍國則其國力之膨脹。國勢之開展固無時而不動世界列强之注視也。德意志現代之政治家立於國際政局之關係間往往以挑唆離間爲唯一之方針故其於形式上示好意者即於隱微中含敵意也雖歐洲之覬國者或認德意志爲紊亂秩序之媒介人或認德意志爲破壞平和之張本人（如倫敦泰晤士報之伯林通信員嘗言『吾滯在伯林七八年間觀察歐洲政局不斷之紛擾其主動力蓋無一不從伯林出也』）而德意志之抱此政策馳逐於歐洲之中原而竟游刃有餘者其果操何術耶其果操何術耶

大勢

英國之外交家。間嘗揣摩德國外交家之行動。而終不克操勝算。於是英國恒信用德國。德國恒利用英國。當南阿戰爭之局之初起也。德意志國民憎英之心油然而生。盖三十年前霍爾斯登事件之復讐心。德國國民固深入腦中而無時敢忘也。及英國於南阿戰爭漸見成功。德國之新聞紙忽隱其攻擊英國之鋒以求英國之歡心。而英國果墮其術中而不悟。嗚呼德國外交家之手段。誠有不可思議者。然而德國國民對英之感情亦於是乎見

德國所以欲使英國之取親德政策者。其故有二。一、驅除英國對德國之危險也。一、疏隔英國與俄法間之親交也。然由英國而論。與德國親則不得不與俄法疏。是得一國而失二國。終係不利之政策也。況德國決非信賴之友邦耶。不意法國外務省之機關新聞。忽現一論說曰。『英德之感情雖一時不能相善。然終久必能融和也。故英與德終爲相提携之國。吾人希望英法之親和。亦多見其不知量耳。』嗚呼法國又陷於德國外交家之術中矣。夫法國非常注意於英德之親交乎。盖德國之憎英心熾。則法國安。英國之親德心盛。則法國危。而奈何以英德提携之語揚播於新

聞則是英法之間隔必益益進行德國默窺其旁方竊笑其詭計之得售而英國國民之歡迎親德政策至是而舉國若狂矣

英德既接近兩國間之感情相融和兩國間之利害似猶有不能一致之點於是英國基普爾馬克於(隔週評論)論列國之關係曰『英與德滿足(指領土言)之國也法與俄不滿足之國也故英德之親和却非意外之事』(參照本誌大勢門歐洲國際政局之推移篇)斯眞單純的議論也夫基氏以畢公後英德關係之根本的事情尤未變化耶而豈知今日之實際已大謬不然矣蓋畢公時代德國對英國之態度與維廉二世之世界政策對英國帝國主義之態度固能同一否耶歷史家脫拉依克之言曰『白人之世界統御之提携雖德意志不可不加入其中況德意志固有加入之運命耶』是故德國而不欲膨脹其國力也德國而欲膨脹其國力則安得不亟亟擴大其勢力範圍耶環顧宇內有所謂孟魯主義者有所謂支那保全者有所謂俄國之要求者有所謂英帝國之存在者嗚呼孰謂條頓民族之新建國國民肯鬱鬱久居於此小天地中而不思破壁而飛耶

基氏之立論也。以德國得一魯林。而即信其爲滿足之國。然則德國何以固守其民族統一主義而威脅近鄰諸邦耶。然則德國何以擴張其勢力範圍而占據吾國之膠州耶。然則德國何以欲逞野心於小亞細亞而與列强衝突耶。要之德國雖不必抱領土的飢渴之病。而執定其世界政策。以與列强相維繫。固無往而不見其有紛擾秩序之行動也。

英國斯基阿脫大佐於其近著中。主張英德提携之說。曼亨大佐亦唱和之。曼氏之言曰。『於近東欲排斥俄國武裝的行動。舍德國其誰與歸。若英國以其海軍扶助與英國無關利益之德國經營地。則德國亦必不辭爲英國之應援者。他日於亞細亞洲。英德不難一致。而各各遂行其政策也』噫曼氏之說。不過欲希望德國援助英國於波斯之經營耳。不知其誤會德國政略之動機與斯氏基氏若出一轍。然則德國政略上之根本的動機果何在耶。曰德國政略上根本的動機。欲使英俄相衝突。各各疲于奔命。而德國坐收漁人之利耳。故無論由經濟上觀。由軍事上觀。由歷史上觀。由時局上觀。德意志者。終非英國可信賴之國也。

是故德國之向英國求親交也。識者早深信其無隔絕俄國之意也。夫不見德國於一方求英國之親近者。即於他方向俄國溫友情耶。觀德俄兩帝於蘭維爾之會見。可以悟英德相結足當俄國之涉於空想也。不然波蘭分割何以俄德不相衝突而反見親厚耶。嗚呼俄德之利害一致之關係有非英德提携所能間絕也。

近時德國顯一新著題曰『德意志及外交政略』敎授西孟氏所著也。其書中所論。有和蘭併呑說、瑞西分割說。澳匈分割說小亞細亞征服說。及對英國海權打擊說等。雖區區一小冊子。即足以見德國對外思想之眞面目也。此書連載於德國軍隊及官吏社會之機關克魯意達依敦中。而成爲一最新之外交論。蓋著者於俄國事情無一不研究。故其對俄德之關係亦最親切。惟關於英德之議論則不免有多少之謬見耳。

又著者對卡普利維伯之辭職。及霍亨路易公之就任。嘗有論議曰。『卡伯之政略是全失信用也。卡伯棄德國固有之政略而與英國相親和。因之有聖齊勃爾之失敗。有俄法之提携。嗚呼卡伯不能固守德國之外交主義而成危險不利之顯象。皆其親英政策之所致也迨霍公就任而德國之政略一變昔之主張親英政策者今又回復親俄政策矣德國旣著其與俄法提携之行動而英國乃離去如皇帝送祝電於科路格爾其一例也德國與俄法旣親密而德國之地位乃安全』及現宰相比羅伯爲外務大臣時德國國民益益希望親俄排英政策之遂行比伯揮其經驗之手腕深遂國民之希望於是霍公之親俄排英政策當比伯時代而更復確定教授西孟氏嘗言曰『俄法德三國於世界之政治舞臺當專心一致以當英國』然後知千八百九十九年之各各外交事件無一不由此關係也誘俄法以逼迫英國是近年德國於外交上所操持之主義也

千八百九十八年德國政府有海軍擴張案此案之成立固由中央黨首領利培爾博士之盡力而實則即此排英主義之張本也是故利培爾之主張擴張海軍案實係大陸聯合對盎格魯撒遜人種之主義也教授西孟氏復述德國所以合大陸諸國以當英國之理由曰『英國於美洲排斥西班牙人法蘭西人於印度排斥法蘭西人荷蘭人葡萄牙人於澳洲及南阿排斥荷蘭人而當拿破侖戰爭之時又自特

其海軍之雄壯橫行世界竭力擴張其勢力即今日猶執守其强權的政策漫無限制遂與吾大陸諸國之政畧不能相容故德國不得不聯合諸國與英國一决雌雄也。

（未完）

大勢

國際政局

歐洲國際政局之推移（續第九期）

韋塵

千八百九十五年。法國欲加妨害於伊大利及希尼司之通商條約屢試狡黠之手段。於是科里斯比之排法政策益形劇烈。當此時伊大利關稅戰爭之影響已漸々回復。蓋自千八百九十一年。與德澳締結通商條約頗得效果。故對法國陰摯之運動。毫不加意於其間。然伊大利政府設於是時與英國結海軍同盟及利用三國同盟之力。則國權擴張論者必能見滿足之成功。而一般國民對三國同盟之信仰及與英國之交情益々堅固。又何慮親法派之重振旂鼓耶。然而國威宣揚之政策未見成就。而親法派之勢力。亦未見挫抑也。嗚呼此伊大利之外交所以終不能操縱自如歟。

伊大利既不能得三國同盟之援助而於阿比西尼亞又大歸失敗至是伊大利之野心終不得逞即其外交上之政略漸陷於困難之境於是科里斯比之內閣倒親法派路基尼爲首相其時伊太利對三國同盟不平之聲已達燒點然破壞之時機猶未成熟而況同盟反對論者之意見殆不一致故親法派之政策終未見其遂行也法蘭西與伊大利之惡感情始終不能消滅于是伊大利之政治家不得不企望先與俄國相提携謚彼等之政策以爲吾雖失之於希尼司而猶可得之於澳國及巴爾幹半島也故竭力運動欲結成拉丁及斯拉夫兩民族之大同盟此派首領爲誰則伊國皇帝及皇太子是也

伊大利雖爲三國同盟中之一國然伊皇却未嘗表眞實之熱情於此同盟也而皇太子則爲俄帝之親友孟德尼古拉公之婿因此關係而皇太子之親俄主義遂一成而不變雖然伊大利既久立於三國同盟之中今日即唱反對同盟之說而與法國或俄國協洽却非咄嗟之事矧一般現狀維持之論者紛起一時以攻擊政府政策之變更而德意志之政府默窺其旁忽然有三國同盟七年間繼續之提議伊大

利於倉卒之間不知所措遂不得不勉強贊同之

未幾有非三國同盟一派之運動出現於伊國當繼續同盟交涉中內閣員中之非三國派猛加打擊於英伊同盟欲使法國消滅其舊時之感情而漸漸與伊大利融和此派最初之手段有藍皮書三卷出版搜集科里斯比時代失策之書類及倫敦羅馬間往復之秘密文書而路基尼並不求英國外務省之許可公然發表於世於是英國對伊大利無眞實之友誼及伊大利於阿比西尼亞之失敗因沙士勃雷侯之躊躇遷延之原因皆暴露當時伊大利所以公刊此種之藍皮書者無非欲破壞英伊之同盟而已而路基尼以此等排英排三國之行動尚介立於三國同盟之中則伊國內閣瓦解之勢必日亟一日矣而果也路基尼不久即辭職而純非三國派之政治家遂組織新內閣

其時爲千八百九十六年俄法兩國見伊國內閣之變更以爲分離伊大利於三國同盟之中此其時矣乃各各執定此方針於外交界中試行種々之手段俄國乘巴爾幹半島之事情稍稍活動普爾哥利亞新服從俄國塞爾維亞又與澳匈兩國相

大勢

戰爭而孟德尼古拉則與伊國結親姻因此種之原因而俄伊之親交覺漸引漸近至於伊大利則路基尼內閣之親法政策益益成功伊法之感情亦大相融和乃於皇太子結婚以前由巴里羅馬兩政府之直接協議得決定希尼司條約問題既而又由俄法之盡力使伊大利於阿比西尼亞得調印有名譽之和平條約至是而伊大利益與三國同盟相分離

法國欲分離伊大利於三國同盟之中不恤捐棄舊時之惑情而融化之而親近之則有名之外交家巴蘭爾氏與有力焉氏由新聞社會入外交界非若初進外交官者可比當時法國有二外交家一笛卡塞一即巴蘭爾也二人者皆盡力攻擊比公之事業在『大法蘭西』之編輯局揮外交之論筆幾能左右國際之關係未幾爲斐西尼公使館之書記官急速昇進至千八百九十四年爲瑞西國公使時稱爲法國未曾有之幼年公使氏又精通時事問題判斷健全手腕機敏蓋望而知爲有名之外交家也然而氏一生功業之最著者實在羅馬氏之初至羅馬也先否認前任者之恐喝政策而統以温和政畧以對伊國使伊大

利人皆知法蘭西爲可信可賴之友邦故以温和之情意聯之而伊人知受三國同盟之痛苦以懷柔之政策臨之而伊人知與法國衝突爲損害嗚呼巴蘭爾氏之外交手段眞可謂機敏也矣雖然氏之得以自由行其政策者則全賴同僚記者笛卡塞之爲外務卿也千八百九十八年之終希尼司之關稅問題起伊法之利益大相衝突巴蘭爾氏默使法國政府非常讓步於是與伊大利締結平和的通商條約」自巴蘭爾氏運用其靈敏之外交伊法間之惡感情遂消滅於無何有之鄉而法國於半島之人望乃得回復此法國外交家左右伊大利國際關係之大政策也氏嘗以直接攻擊三國同盟爲非計蓋其時距三國同盟條約消滅之期尚餘五年果使直接攻擊勢必激起人心而收恐怖之結果則不如傾其全力以破壞英伊之海上同盟何則英伊分離即間接使伊國分離於三國同盟也不然英國果守援助伊國之約則伊大利早於千八百八十七年脫三國同盟之羈束矣而何以至今尚畏首畏尾不敢顯然超越此範圍耶是故英伊之結合即三國同盟之結合英伊之隔離即三國同盟之隔離其間實不容毫髮者也而幸也親法派之路基尼內閣忽然有

公表藍皮書之舉使英伊兩國政府間不得不各懷疏隔之情意然而英相沙士勃雷侯何以不謀回復兩國之親交駐劄羅馬之英公使卡利卿何以不思融洽兩國之感情吾得而斷之曰法國外交家手腕之機敏政畧之狡猾非英國所能及也不然巴蘭爾何以能使伊大利思以前之失敗皆由英國之不親切耶不然巴蘭爾何以能使伊大利思阿比西尼亞事件皆由於英國之不信義耶又不然何以伊大利不能償要索吾浙三門灣之奢願不歸咎於自國之失策而反遷怒於英國耶嗚呼法國之外交家誠非英國所能比矣然而英國不求於伊大利不孚人望之原因而猶於千八百九十九年結英法之協約以割除兩國於東蘇丹之葛藤而伊大利對英國之惡感情至是遂日甚一日及阿非利加事件起法國外交之機敏英國外交之遲鈍幾不可以道里計而伊大利國民輕信英國之心乃達極點

英法衝突之起起於埃及之尼羅河尼羅河上流爲兩國勢力範圍所必爭之點也英國於尼羅之流域欲排斥他國之勢力由是與法國之葛藤遂生至千八百九十九年三月兩國締結條約各々劃定界線於是英國於其勢力範圍之外始與法國

之自由行動然此條約訂立後英國既不承認脫里巴列之背境爲法國之領土何以又許法國在彼地之行動自由蓋法國自占領希尼司以後其野心全傾向於脫里巴列方面於是伊大利乃大恐謂英國苟確守地中海現狀維持之英伊條約不應與法國立約之際允許其在脫里巴列背境之自由行動然英國則謂千八百八十七年之英伊條約原約維持脫里巴列之現狀非約維持其背境之現狀故今日英國之行爲不得認爲違背條約也嗚呼英國雖如是諱言其能輕減伊大利國民之憎英心耶

而蟠踞於外交界之法國巴蘭爾及笛卡塞默窺英伊之齟齬乃莞然笑蹶然起曰離間英伊之親交而使伊大利得法國之歡心者其今日乎其今日乎

而果也伊大利以英法條約來問巴氏笛氏佯示以驚愕之狀且對伊大利表懇切之同情而答之曰『敝國之意志豈有欲妨害貴國之利益耶敝國今日擴張勢力於脫利巴列之背境原受英國之許諾而始締結條約且英國爲貴國之同盟國故與敝國談判之際必與貴國相協議既與貴國相協議則敝國擴勢力範圍於脫利

巴列之背境即英伊協議之結果也是故英法條約貴國必能表滿足之同意是敝國所無疑者也』法國之外交家僞設此種之回答使伊大利益疑與英國同盟爲不足信賴而巴氏笛氏乘機復提言曰『法國經營脫里巴列之南方及東蘇丹也不過欲障害脫里巴列與中央阿非利加之商業通路使不加損害於伊大利也』於是伊大利喜法國之好意而怒英國之不義及英相沙士勃雷侯覺察急證言不侵伊大利之商業通路以冀回復伊大利之人望雖然時機已逸其如法國之長袖善舞何而況伊大利已疑英國對脫里巴列之野心英國政府雖欲竭力解釋之伊大利終覺不能信任其言也嗚呼疏隔英伊之親交於無形之間是法國外交家之巧滑也而伊大利深入牢籠而不一悟也而英國雖能覺察而無如之何也噫神乎技矣

千九百年伊國皇帝芬倍爾德崩英伊協約廢棄之最後障害始行除去新皇愛馬尼爾三世俄法派之首領也於是俄法提携之議紛起一時且遂行伊大利之野心於阿德利亞海之東岸及安全伊大利之地位於地中海之沿岸皆新帝素所抱持

之政見也故即位以後益益接近俄法及千九百一年四月伊大利艦隊遂有訪問脫倫（法國海港）之舉逾數月兩國間之地中海協約成法國許伊大利於希尼司以東之自由行動伊大利許法國於阿爾塞利亞以西之自由行動於是千八百八十七年之英法協定全歸消滅

附言

吾試略述最近十一年間歐洲列國外交上之事實以明國際政局之推移嗚呼種族競爭其對外也勢力競爭其對內也不然何以三國同盟既公表第四次之繼續而歐洲和平之局之効力今竟不可見耶不然何以畢公組織歐洲各國々際之關係所謂對法大同盟者於千八百九十一年竟公然破裂耶不然何以二大同盟之均勢（即三國同盟與俄法同盟之勢力平均）竟有名無實耶不然何以伊太利於地中海與西班牙之協約竟與英伊協約同歸消滅耶不然何以於巴爾幹半島若塞爾維亞若普爾哥利亞竟深入俄國之牢籠耶不然何以羅馬尼亞與澳大利亞結軍事協約羅馬尼亞既無履行條約義務之實力而猶結此

無意義之協約耶不然何以伊大利已與繼續同盟相調印又爲俄法運動而反成爲三國同盟之敵耶據今日歐洲之情勢而論伊大利雖爲三國同盟之一員而其實際固已消滅久矣而況乎向之運動伊大利列於三國同盟之中之故不過欲其對抗法國之敎權主義及法國於地中海之攻勢耳今日此二大理由果尙存焉否耶夫不見伊大利與法國已締結地中海之條約乎且伊大利之西境旣安全其於東境又得俄國之保證則伊大利之不即脫於三國同盟之範圍也幾希

且二大同盟之性質不同則其影響所及亦必大異畢公之結合各國全盡力於現狀之維持故三國同盟爲歐洲平和之證若新同盟則異是俄法伊三國各各懷抱其野心固未嘗有現狀維持之眞意法國且欲利用同盟之勢力以一洗魯林之舊耻故其復讐之心益益激動嗚呼英伊之舊協約則以地中海之現狀維持爲目的法伊之新協約則以北阿非利加之分割爲目的由此觀之歐洲將來之情勢雖無大戰爭其不安寧不平和之狀態可斷言也

（完）

野獲一夕話

匪石

薙髮

中國人慣性以中國風俗純美能化異族不受異族化故外族入主中國但順其性利用之則未有不安者自五胡亂晉以來莫不皆然近如法人之於安南尙留科舉日人之於台灣不改服色而中國人猶曰吾風俗美彼惡乎能改之嗚呼是所謂墮其術中而不自知者矣獨清軍入關首下薙髮之令時燕朔久苦流寇無力復抗自江以南未遭兵革于是紛々起義無寧日矣乃余觀野史所載當時豫王下江已深得處置吾中國人之道豫王既得南都貼示各城門云

薙頭一事本國相沿成俗今大兵所到薙武不薙文薙兵不薙民爾等毋得不遵

談叢

法度自行薙之前有無恥官員先薙求見本國已經唾罵但握術未固。旋又有『留頭不留髮留髮不留頭』之諭。于是兵事益固結不可解。西人之于我中國也術巧于清人矣或威之或餌之因其俗以行其術猶養由基習射未有不中者也願以此警告我國民

永曆士子

今歲以西后壽。特開恩科。吾料八月初八日。十八省試院前。其聲閧々。其狀離離。怪奇詭譎。殆呈百戲。因憶三百四十年前。永曆僻居西粵時。開科取士。据三山何是非所著風倒梧桐記。其所謂今古合狀者矣。記中有云。

時下考貢之旨。村師巫童。以及緇衣黃冠。凡能搦管出黑字於紙上者。悉投一呈。曰山東山西某府某縣生員。然必取其極遠者。以無可證也。曳裾就道。瀰漫如蟻。曾經出仕。僉曰迎鑾。游手白丁。詭稱原任六曹兩侍。旬日間駐列濟々。相遇道左。各不舉手。為內有一二科甲。故浚氣質以自尊。又以博得一二三勢力。當豪元以自高也。此外栄傭屠夫卓役倡優搗卒等類。亦居然進賢冠矣。行々隊々。若不欲以

面示人。但見有無故穿吉服者。無故穿素服者。獨自錦繡者。或脚下之靴。而天藍剪絨者。或快靴。郎當取其形似。或天晴地乾。而油釘皮靴。相將于道。章服補帶。恒未完備。亦未合式。補鶴而帶銀。則服不合其帶。々金而雀補。則帶不合其服。乃至人不如其帶。人不如其服。人不如其站立位次。人不如其稱呼禮貌。滿朝皆無等威。攘臂脫肩。牛襟馬裾。新創朝廷。遂成墟市。

嗚呼此區區小如巢囚如籠之小天地乃中國人才所自出乎人才而出于是也則其國亦可知也

秘密黨

西國秘密黨會。大都原於工社。勢力所及。雖以君主之全力不能禦之。余嘗搜攷東籍。得二三矣。以篇幅甚長。不能備載。略述一二。以資談助。

其位階

凡階級三。曰子分階同役階親方階

子分階又謂物學階。其儀曰。凡志願入工社者。不裸體。不被服。(褌一)毋許攜金類物。乃導之于暗冥一小室。是室裝置髑髏若干具。凸壁有銘。銘爲禁令。導者乃曰。若爾心詐僞。其恐懼矣。若爾心感恐懼。其勿進。若爾尙戀戀于人間世。其速出。又曰。將期爾身以獻身之一大事業。其以生命乎。其以事乎。則答曰。余對于神人之義務如何。對于他人之義務如何。對于自己之義務如何。導者乃縛其目。繩其頸。以叩于第三門。門者問故。曰有一俗客。欲求光明。門闢。導者引之于兩柱之間。堂上三問則三答。稱之爲空水火三試云。乃揮器示飛霰揚風轟雷狀。畢。入其左手于滿水器。曰水試。以松粉撲其面。曰火試。示貴忍也。乃復縛目盲行。自東自西自南自北。約五六周。曰入德域矣。食具甚苦。足外皆浮板。不能動。示苦辛也。乃告曰。今有以要子。其盡瘁吾社乎。乃烙工社印于其體。遂示記號接觸教義習例慣行一切義。面縛既解。黨員以劍繞其四圍。而告之曰。爾勿恐。是劍也。所以加于破誓者之身者也。爾能盡瘁于吾自由工社。則此劍供爾用矣。又持是復仇之武器。假爾避難于大地者也。于是志願者受通行名號。曰求勃魯葛隱譯名礦物也。謂之曰礦物界。言爲萬物之第一界。以當自由工社之第一階也。

同役階。又謂同僚階。受者不復面縛入門。尊者設數問答。引巡于工社凡五周。第一周則持槌鑿行。次以兩脚規與角定規。次以鐵槓杆與角定規。次以三角定規及角定規。第五周則無所持焉。畢。以槌擊未磨石者三。于此工社之裝飾中畫一『G』字。與齒形系。遂宣誓于其前。稱爲同役工社員。其通行號曰西薄拉德。譯言穗也。謂之曰植物界。以當自由工社第二階云。

親方階。又謂先進階。集會之地無光。設髑髏數具。以燭入之。使光自目口鼻出。中置棺。棺內盛以木製或紙製人像。皆先進故形也。尊者乃問曰。吾輩何爲而會于玆社。社員答曰。將以承先進之遺志也。又問曰。今何時矣。則答曰。其中夜矣。于時受階者素足叩門。露左腕。裸左胸。手三角規。以繩繞其身三周。社友持其端以叩門。聲作。會員皆震驚。檢其人爲安同拉姆否。安同拉姆者。絕對的自由之敵也。社員受尊者命再檢之。無驗。乃導之于室中央。皆逆行以弔故先進焉。言悲自由之死也。畢。受階者行禮如前受階式。徘徊數巡。乃以兩脚規當其兩尖端于胸。跪而宣誓焉。其通名曰瑪哥倍納哥。譯言肉骨也。謂之曰動物界。以當自由工社第三階云。

談叢

凡自由工社之實質。在此三階。而其最上者。則又有上位階設玄奧堂焉。惟修業者乃得入。又以驗修者革命的教育之進步及其信服之强弱心氣之剛柔焉。上位階無完數。自四以至三十有奇。故稱前三階曰記號的位階言但習記號而已。自餘上位階級曰哲學的位階其玄義以次遞深以終達于眞理光明之域。故曰哲學的也

(此節未完)

所聞錄

敬告寧海之鬧教者幷以聲徐承禮之罪

吾甫聞寧海教案之起釁爲之戰背爲之汗曰吾同胞何翻此風波以招外訌自蹙其財產戕其身命耶繼而躍然以起色然以喜曰吾同胞何幸有獨立性質而不甘爲異族奴耶終且拍案而呼拂衣而號曰吾同胞何多此一舉適爲彼媚外頑吏得以逞其殘毒使吾民益不堪其痛耶嗚呼事已至此夫復何言然民敢於鬧教官敢於虐民此中讞獄果何斷耶夫鬧教者懸名也吾民何甘受之而不悔耶血氣之勇歟義理之勇歟吾不得而知其舉動吾誠厭其暴亂而其性質吾轉嘉其卓越矣而爲地方官者以保護爲名不憚墟民之屋戕民之命用其最毒辣之手段何其忍而不顧耶夫保護教民誠爲地方官應盡之責任而非教民者獨非圓其顱方其趾乎然何以入彼即爲神聖不可犯而在此則直草芥之不若耶彼得毋謂吾所保護者惟教民外此則非吾所保護也然不但不保護且從是芟夷之撲滅之彼心目中惟知奉「保護教民」四字爲金科玉律直以吾民之頭顱之財產爲實行保護之資料施行保護之手段奇矣哉保護之資料偉矣哉保護之手段以朝廷視之則曰是善爲我防賊宜加以頂戴以西人視之則曰是甘爲我走狗宜收爲奴籍而以我民視之果何若乎吾敢曰是題爲我公敵盡加以斧鉞嗚呼若是官吏豈徒寧海受其禍哉吾恐今之官吏曰曰以保護爲言者其心之忍毒則有過之無不及也而民之

敢憤於鬧教寧獨一寧海哉彼欲發而未敢發欲忍而不能忍者恐十八省之中十居其八九也吾請論寧海之鬧教而爲與寧海同情者告吾敢誅寧海官吏之罪而爲與寧海官吏同氣者警鳥可以不言鳥可以不言

寧海之民何以鬧教曰天主教倚勢凶横北鄉人王錫彤仗義不平焚燬教堂寧海之官何以虐民曰教案既作而徐守承禮縱兵焚殺被焚數百家被殺數千人嗚呼民何其憤召此浩刼官何其毒造斯孽果夫王錫彤敢於發難不避强禦豈愍不畏死而輕於從事哉吾知其必忍無可忍訴無可訴挺而走險急何暇擇負嵎之計或亦迫於勢不得已乎吾非袒王錫彤其舉動輕躁誠爲隱痛然使結成怨恨發於一旦者雖教士之暴行抑未始非不肖之官吏有以釀成之也然則徐守平日既無調和之術事後遽施虎狠之毒其罪尚可誅耶即王錫彤迹同頑民大逆不道徐守當分别首從以科其罪何至縱民焚燬以一王錫彤而累及良民若謂其結黨成羣無別首從是必恨之已深無可控告而後有是團結而後有是魄力目之爲難民可也尊之爲義士可也爲徐守者方且哀矜之不暇念慕之不已何敢人其人廬其廬即徐守以事關交涉非痛加勦洗不足以塞外人之口保一己之位然試問焚燒數百家焚殺數千人遂能禁外人之不干預上游之不追問耶此實百思不得其解者也雖然徐守何人直狗彘不食其餘何知公理所可痛者吾寧海之同胞既飽教士之虺毒復遭頑吏之虎噬胡天不仁爲反爲側山之巔耶水之涯耶爲鬼爲蜮孰是樂土嗟我小民安有寧處夫飽教士之虺毒者猶得尚其氣奮其力小洩一旦之忿至遭頑吏之虎噬勿可言也吾不知被焚之數百家被

殺之數千人其財產取償於誰耶其性命索抵於誰耶死若有知當爲厲鬼生者猶存寧無俠士徐守徐守。何以待同胞同胞同胞何以處徐守徐守盡爲答一語同胞盡爲籌一策

而我猶有言者。諸君抱排外思想而敢與碧眼紅髯者抗豈不知處必敗之勢耶果其無知也。是謂無意識之爭義和團之流也吾何取焉明知其不能勝且爲官所制而仍不餒其氣灰其志敢犧牲其財產性命擲於一鬨吾壯其氣吾憐其心吾悲其逆勢吾服其遠理無以哭之弔之曰國殤無以表之尊之曰國魂

或者曰。子之誅徐守誠當矣嚴矣。而迴護王錫彤反尊以美名。得毋張意氣之勇揚野蠻之焰。以招外人干涉。而速瓜分實禍耶。子何昧歟。曰。然哉然哉。吾何敢黨王錫彤吾何敢輕言排外然排外之言論固未敢輕發而排外之思想寧可消滅耶今日最足亡我國者排外乎媚外乎吾敢決之曰必不亡於排外而亡於媚外庚子之役雖敗於排外而庚子以後不可無排外何也。自排外一轉於媚外上而官吏下而士庶勢必至奴其顏婢其膝非仗其勢以横行即入其籍以藏身伊川之痛寧有已乎吾方悲繼此以往無有敢倡言排外者矣果其有之吾必尸之祝之表之揚之曰是民族主義之所由生也吾所以表王錫彤者職是故耳非嘉王錫彤凡與王錫彤同具是心者吾方禱之非徒禱。且欲規之曰同胞同胞亦敢言排外乎豈非以「不自由無寧死」不得不出於此耶

嗚呼偉哉同胞之志揚哉同胞之氣他日能爲民族飛揚者惟是心然速今日之外侮者亦惟是心然則國家興亡之所繫種族存亡之所寄可不慎歟可不勉歟吾何以告同胞惟以無急於小忿毋輕於囂張

陶鎔其志鼓鑄其氣天下無難事只怕有心人神而用之是在同胞不然則吾言適足以助其焰招其禍吾將捫我舌灑我血而痛哭我同胞之誤解我說以我爲戎首而自投陷穽也是亦同胞急宜硏究者也吾尤進一解曰彼敎士凶暴誠如彼之痛恨矣然試思孕成今日之果者其因果何在耶諸君曾亦思外人敢牽制我手足吸引我脂血豈偶然哉蓋有爲之紹介焉爲之招待焉而後釀成今日之大劇嗚呼誰實爲之至於斯極斯民何辜奴之又奴奴根歟盡拔之奴性歟盡汰之欲脫第二重之奴先革第一重之奴諸君無排外思想則已若其有之吾敢請諸君移其鬧敎之心而爲排滿思想毋苟安毋畏難蓄其力萃其心鍊其骨達其願先脫家庭之豐蔀進爲地方之自治繼由地方之自治進爲國家之建設終由國家之建設膨脹爲民族主義斯時雖有千萬敎士吾不懼雖有千萬徐守吾不畏嗚呼狂言歟忠告歟惟同胞察之同胞敢怒而不敢言歟敢言而不敢爲歟吾爲同胞奮之勉之

嗚呼雲南休矣

吾觀支那現勢圖某省鐵道是某國計畫某省礦路是某國垂涎嗚呼是圖也尙得冠以支那二字乎則謂之各國聯合圖可也吾爲是言誠無心肝其如我同胞不但不敢言且未之見未之聞何必至中我言而後已嗚呼吾何忍言吾烏敢不言

夫曰計畫也垂涎也則猶可曰是理想上之擴張而實際上則未見其膨脹也爲主人者宜及時猛省羣聚其力以固我圉無使他族實偪處此而後能絕其覬覦還我權利不然向之所謂計畫者終必變爲建設向之所謂垂涎者終必變爲其領有觀於法之經營雲南鐵道益知我言之不誣矣

法之垂涎雲南也始於一千八百九十八年至今已七閱寒暑矣此七寒暑中彼法人者豈能一日忘雲南耶不知費幾許心血幾次攷察而始償其素願也而獨怪雲南人未嘗一日計及法國幷雲南而亦忘之耶設當日者雲南人以雲南爲念以法國爲慮則相與告曰吾雲南鐵道雲南人自主之盡發大力盡樹公司毋吞於强隣毋賣於政府果是則法國雖欲逞吞食之志其敢攖衆怒何政府雖欲爲饋獻之禮其敢爲公敵乎然則雲南孕成今日之果者於法國何尤於政府何咎嗚呼是亦雲南人自招之耳他日汽笛一聲瞬息千里軌之所至地即爲墟過其境者臨風弔古山變其色路異其轍得毋俯仰太息悲從中來曰恨吾祖吾父不早爲之備釀成斯禍以奴隸我子孫牛馬我子孫也嗚呼吾非敢苛責雲南人特恐欲來未來之雲南將爲雲南之續不得不論雲南以爲非雲南者告

倡各省獨立之說者已如電掣雷馳而不可遏矣夫獨立者貴具有獨立之資格獨立之地位耳鐵道者一省之命脉也礦路者一省之血液也若命脈已斷血液已竭雖有華盛頓其人者安有所用哉嗚呼中國不自立則已若言自立其惟保護此二者而已然而外人窺伺我國者如蟻之附羶獸之走壙一寸地一坏土無不在其勢力圈伸張之內若蘆漢粵漢其次焉者也其甫建設而未成者或甫計畫而未建設者恐繼此以往日進未有艾也可不懼歟可不警歟雖然物必先腐而後虫生焉吾同胞果有組織之能力建設之方法安知權利之不我還乎頃聞成都鐵道之將設蜀省紳商起爲之抗斯眞可嘉可喜雲南人聞之得毋一鼓作氣步其後塵耶嗚呼今日無別抵制外人之策惟有築造鐵道開通鑛路以絕其覬

所聞錄

覦之心為上策吾用是翹首以羨湖南安徽吾益用是益痛心而弔雲南且以弔我浙江之鑛路為高氏所盜賣及今未有籌一策以抵之者

異哉奉化之學界

欲新其地方必先新其教育本雜誌第一號載有「新奉化歌」近閱內地日報論寧波學界以奉化龍津學堂為最有名譽噫吾為新奉化前途賀雖然一龍津學堂生徒不過數十經費不踰千餘教育普及之盛軌豈易言哉所望有聞風踵起步其後塵者則龍津之勢不孤而奉化之前途乃大有影響然吾聞龍津以外雖有倡辦小學堂者而苦於經費不能果行得與龍津並列者則有鳳麓學堂聞鳳麓經費較龍津為充足或者鳳麓之勢力超越於龍津之上乎不然必其師龍津之長相輔而行者也孰知其竟出於意料之外耶其規則不完全姑不具論而獨駭其攫取經費橫行鄉里致有「奉化寧少受教育不願多受此荼毒」之謗嗚呼斯何言歟果何來歟靜而思之淚隨筆下

夫學堂者鑄造人材之機關也一邑多設一學堂即一邑多一鑄造人材之廠稍有識者未有不祝之禱之歌之舞之惟恐其設之不速何詆為何怨為且取財於地方而仍公於地方文明各國組織學校莫不如是何獨凰麓以是招謗乎豈眞奉化人不明斯理以學堂為不足設乎然何以於龍津則德之於鳳麓則怨之嗚呼此中因果果何在耶吾思之吾重思之益為奉化弔益為鳳麓告

諸君既有志於斯矣必深明學堂之性質教育之原理而後敢以改良社會為己任斯眞我所膜拜所尸祝矣然原諸君之心志吾復何言而論諸君之手段吾誠不解諸君豈不以欲辦學堂必籌經費乎夫學

堂必藉乎經費經費必取於地方斯固然矣然既取地方一分之財即應還地方一分之利斯民雖愚何敢置喙此不可解者一也或者諸君謂非常之原黎民所懼可爲圖成難爲謀初不憚運強硬手段寧受一時之謗將償以他日之福乎斯亦辦事者之苦衷吾黨所深諒也然総課備矣生徒招矣果其良也向之雖出謗議者吾知其必感而不敢再瀆矣此不解者二也然則諸君衣冠其身鬼蜮其心乎非以學堂爲培人材之地而以學堂爲斂資財之藪夫諸君果欲爲斂財計也攫取地方之財亦多術矣何必假文明之招牌實行野蠻之手段以最高尙最尊美學堂之名稱而招社會之公敵爲守舊之口實以公理例之不但關諸君之名譽即社會添一障礙進化之器揆諸於心安乎不安吾知諸君必不至若是忍毒也此不可解者三也諸君諸君盍爲下一解

要之吾非敢好爲詭言以難諸君吾冀諸君或有改良之一日以盡諸君之天職以完學堂之名譽以息地方之浮議則不得不貢區區以爲忠告鳳麓學堂盍諦聽凡類於鳳麓學堂者盍諦聽

諸君曾聞美國賽會之藐視華人否

嗚呼諸君諸君亦知近日有最可痛哭最難忍受之奇辱乎以國體言則謂無國以種族言則謂孽種言之痛心聞者豎髮稍有血氣能不愧死吾請述斯爲諸君共哭之共憤之共爭之以定國體以光種族吾閱中外日報載有「閩海關英某代購辦閩省物品運送美國賽會而其中製有人物之事探訪閩中惡習劣俗以形容之一係纏足處女一係赤脚處女一係新嫁娘置於人類館以辱華人」之一事悲不能仰泣將誰訴嗚呼我國雖存而已亡吾種雖在而若

滅豈眞四千年神明遺裔僅足供博物館陳列品耶抑何吾國民不速改良社會忍令鑄成腐敗形狀適爲萬國褻玩具耶諸君諸君毋以此事爲不足輕重淡然若忘吾敢斷之曰是我國體上之大奇醜種族上之大汚點吾國亡則已吾種滅則已若未亡也未滅也忍乎不忍爭乎不爭

夫賽會者所以振興工藝鼓勵商務國之强弱盛衰所由判焉閩省既有志於斯則宜簡選其人經理其事若以謂不足注意斯亦已耳則何多此一舉假手於英人耶夫英人何羨夫閩省之物產何親夫閩省之官吏而不憚爲之代庖耶彼英某直視閩之官吏若沐猴閩之士民若鹿豕不妨假此以侮辱我國同胞騰笑於萬國耳閩之官吏何能知此而若士若農若工若商非盡瞽且聾者豈未之見未之聞耶吾言及是心滋痛矣

抑吾嘗閱日本博覽會之人類館矣而列其中者一蝦夷人一黑奴一臺灣人然則人類館者一亡國遺民之棲流所也英某以閩人置於人類館是直以蝦夷黑奴臺灣待閩人然吾國雖弱而閩省版圖猶未改色彼英某者何公然爲之而不疑耶豈以閩省已在各國勢力圈內形式雖具而精神已脫則不妨置諸蝦夷黑奴臺灣之列耶不然必其以此試閩人之感情何如及各省之輿論而用以爲操縱之定南針耳嗚呼由前之說是謂虐待是可忍則國可亡種可滅安留此遺種而揚醜於世界耶由後之說是謂偵探是可忘則頭可斷足可刖安覥此面目含羞於人間耶諸君日日言愛國言保種盍注意焉盍奮興焉』

而吾尤有勸且告者不見夫日本之博覽會乎當時人類館中欲雇我中國人留學生聞之大爲憤恨羣起爭於日本事遂中止今日之事毋乃類是歟英某

如未赴美。吾請閩人以全力爭之所屢三人斃之以銃試之以劍可也若已赴美則吾國官商人士棲息於彼土者不乏其人公使姑勿論而若學生若商人豈一無愛國心忍視而不顧含怒而不敢言乎吾決其運動之勢力義憤之形色必不亞於日本之留學生也吾從是翹首以望焚香以待而覘我國人士寄居於美土者爲吾國吐氣爲吾種洗恥

嗚呼吾國又多一外國銀行矣

嗚呼。西人之墟人家國剝人膏血以工商爲利器以航路爲偵探以鐵道爲軍隊以礦山爲輜重而能利用此四者磅礴其氣運轉其力散之則貫於萬有歸之則納於一圈惟銀行是繫銀行者國家命脈之所寄百般政治之所仰故視其國之强弱以銀行勢力之廣狹爲比例嗚呼。即此一端則已決吾國之必亡矣。

不觀天津日商近又運動設立日清銀行。上意見書於政府。已與我國合約乎嗚呼貧小如日本京釜鐵道歷數年而不成。又何餘力謀及此耶然不憚其難毅然任之是必有所恃有所冀者在也吾謂日清銀行設立之日即爲日本實行殖民政策之元旦鄰之肥即我瘠鄰之厚即我薄自今以往吾國又鑄一縮地之儀器增一吮血之利口矣可不惆歟可不懼歟

吾聞日人之言曰「支那人性質。吾知之矣富商大賈稍有資財者無不寄存於外國銀行以其本國錢莊不足信也。」嗚呼是言也。何詆毀我國民若是甚耶抑何其描寫吾國民情狀眞且切耶然則日清銀行股本豈取諸官中耶直利用吾國商人運轉吾國資財羈縻之操縱之以我爲沐猴而彼爲神明以我爲奴隸而彼爲主人日本誠黠矣哉所可痛者己有財力不能創舉讓人唯命是聽明知爲彼所用適爲

彼所笑而仍柔其氣謙其貌唯恐其不容斯誠吾國民之劣性惡根流傳而莫替歟且日人又嘗謂『支那有此性質吾日本不利用之是謂逆天我國民決不受此惡名棄其天職也』吾謂以此言詰諸同胞曰日本之蔑視吾國如是而吾國民仍甘被其詐則謂逆天乎順天乎受惡名乎美名乎棄天職乎盡天職乎同胞同胞盍爲下一斷語

抑又聞華俄銀行司帳某君之言曰「華俄銀行之組織中國股本八百萬俄僅四百萬而操其權者俄人吾國無一毫利權」每念斯言腸斷心酸何我國之甘爲人役者馴且恭耶夫就實以論吾國居三之二俄居其一以普通貿易公例推之則吾爲主彼爲附庸何以理也如斯事竟達焉天下最不平等最無公理之事孰有加耶即就名以論既曰華俄銀行雖不得操其全權而並享其利亦理所應許孰料辦幷此而亦不可得耶嗚呼華俄如是日清亦無不如是然則吾國之名稱殆惟輝映於招牌上已耶權利何寄焉顧名思義淚涔涔下

嗚呼吾國雖弱而能羣心協力組織銀行吾決其易易也他勿暇論若寧幫廣幫有貲財者不下數百萬有權力亦不下數千人倘合其力萃其氣則我國銀行將林立於地球與白人角逐競爭場上觀於今日中國郵船會社可知吾國之價値焉特惜其不計及此耳嗚呼是亦不能爲吾同胞恕也雖然是有由焉吾國商人寧一無洞悉時勢者乎每擧一事創一業非經頑吏之節制即索以報効數十萬無怪乎商人裹足不前也然則有障礙我運動自由之龐物在勢不至驅而入洋股爲洋奴不已欲淸其源當籌何策請質同胞

記大阪公司大元丸日人毆人事

十一月念六九時頃。買辦浙江人張正也之皮篋被竊去。而去舟解纜時已四時間矣。翌日驗票。見有二人無票。張遂挾忿誣其為盜。執之上甲板。送交船主日人。繫其辮于船棚之柱。一等運轉士堀啓一郎因張之言。遂杖擊之。血流被面。同舟人冷眼坐視無敢過問。某忿不能平。遂出而責問堀啓以何事故而杖此二人。一致於是渠謂以其為盜故。又問有何証據渠答因無証據。故杖問。某即謂日本有此問賊之法否。渠謂我見貴國問賊皆以此法。某謂有則有之。但須有原告。渠即揚言曰買辦張正也。某謂如疑其為賊。可閉之室內細問。或送縣。或交妥保。斷無因信一面之詞。而可亂杖之理。渠乃曰杖賊。繫賊。問賊。是其職務。客人不得干涉。某竟無如之何。往復辯論。渠終置之不理。而適岳州某運動同舟人與買辦理論。曉以本國人不應借外人勢力欺本國人之大義。而張詞窮。又恐肇事。遂請于日人而釋之。

嗚呼自庚子以來。此種事實。一歲之中。不知凡幾。滔滔之洪水。將有布滿全國之勢矣。所謂上行下効。其然乎。豈其然乎。愛國男兒。其亦思挽此狂瀾否乎。

祝麗澤學校與中華學堂

數日以來。吾國教育界上有二大可喜事。一在海內一在海外。此何事。曰上海之麗澤學校。橫濱之中華學堂是也

通中國之小學校。無慮數百。而求其組織其精神可稱完備者。實百不得一。有志少年。受家庭之干涉。既不克負笈遠遊。留學異國。而乃無一完全之學校以教育之。斯非吾國教育者之大恥乎。近海內海外。既各設一校。吾知數年以內。聞風而踵起者。將不知凡幾。是則此二校者。有表率全國普通學校之責也。麗澤學校勉之。中華學堂勉之。

所聞錄

麗澤分普通專脩二部附設蒙學皆四年卒業學科完備且敎員辦事聞皆學業優裕熱心敎育則其將來之有福于我祖國吾敢預賀中華並非初創爲在留横濱商人所共同組織其總理向係公舉明年總理已舉定郭氏外峯郭氏素熱心于敎育自被舉後改訂章程延聘敎習競競焉以改良擴充爲志聞已就緒明年正月定可開辦吾爲横濱商人賀吾爲我祖國賀

昔德將毛奇歸戰功于小學校之生徒誠以小學校之生徒實國家將來之主人翁也麗澤學校勉之中華學堂勉之

公立杭州女學校章程

宗旨

第一條　本校以開通女子智識幷普及女學爲宗旨

職員

第二條　本校現擬定之職員如左

校長一人　敎員四人　監督一人　內庶務一人

外庶務一人

第三條　以上各職員皆聘請女士能勝職任者充之惟外庶務公舉一老成幹練之士充之

專件

僕役

第四條 本校現擬定之僕役如左

司閽二人 女僕十人 司厨二人

款項

第五條 本校草創伊始經費支絀全賴衆力捐助相與維持玆將捐項之大別列左

(甲)創辦捐 捐納欵項以充本校開辦經費者爲創辦捐輸創辦捐者爲發起員

(乙)常年捐 每年認捐若干爲常年捐輸常年捐者爲本校賛成員

(丙)特別捐 臨時捐納一次非永遠繼續者爲特別捐輸特別捐者爲名譽賛成員

第六條 干創辦捐常年捐特別捐外本校更願有人捐入圖書儀器及本校應用諸物

教科

第七條　本校教科分尋常小學高等小學兩級平日未曾識字讀書或粗通文理者入尋常科讀書有年程度較高者入高等科

第八條　尋常科之科目修身國文算術圖畫裁縫唱歌體操高等科之科目修身國文英語算術中國歷史地理理科圖畫唱歌裁縫體操

第九條　尋常科之科目以三年卒業高等科之科目以二年卒業

第十條　本校俟經費寬足後再擬千尋常高等科外別設師範科

定額

第十一條　學生定額如左

(甲)尋常小學科　三十名

(乙)高等小學科　二十名

第十二條　走讀學生不住校者無定額

假期

第十三條　除星期令節以外之假期如左

夏季假期　自小暑節起至處暑節止

冬期假期　自十二月二十日起至正月二十日止

第十四條　星期及例假外學生如有事須請假者須有家中信據方准出校

入校資格

第十五條　學生入校資格如左

(甲)擧止嫻雅身體健全

(乙)不得纏足(已纏足者入校後須漸解放)

(丙)年齡十一歲以上二十歲以下

入校規約

第十六條　學生入校須得公正紳士之保證入校後先試讀一月是爲試讀期如期滿留校須由保證人協同學生塡寫入學證書

第十七條　學生每年須繳膳資二十四元即于塡寫證書之時由保證人預繳半

年之數如試讀期滿不留扣除繳還以後分春秋兩季繳納

第十八條　學生不得着豔麗衣服及塗抹脂粉

附則

第十九條　本校設於杭州城內積善坊巷

奉化教育研究會開會簡章

第一章　宗旨

以興起通縣教育爲宗旨

第二章　命名

爲現在身任教育者改良適宜教授法起見故名曰奉化教育研究會

第三章　規則

(一)總部附設龍津學堂內(日後宜設支部再商)

(二)部中公舉會長一員副會長一員幹事員數員(因事而設無定)

事件

（三）會長俱以任義務論不支薪水
（四）擧會員開會期俱遵普通文明社會規則辦理
（五）常會期歲定四次正月四月七月十月其臨時特別會無定均由會長先期報告同人
（六）開會時供饌及一切支費所需由同人量力捐助正月會期報告一次
（七）會內提及條目
（甲）教科書　已經決議認可者會內人須一律遵用
（乙）教授法　或純然學堂規模或由學館變通改良其教授法不無或異但已經議決者須照章遵行
（丙）學校組織法　私立學館之改良總不如純然公立學校之美備各地方如何組織法會內人須併力合圖
（丁）凡關教育會之義務如諸種學會青年演說會及一切風俗改良諸事皆是唯必須次第興辦務有寔際

(八)會友研究及寔驗所得報告會長以便妥議

(九)已入會之各學校每歲暑假大考由會長副會長或臨時特別選舉會員親到該校考察一次以便比較以求精進

(十)凡在公立學校或私立學館任敎育者及雖未任敎育之責而有志于敎育者均可入會

(十一)有不守本會規約者本會有不認其爲會友之權

(十二)其有未盡事宜或應行改良者可續行會議訂定

附第一次提議各會員應任義務要目

(一)調查現有學館限年底繳册式如左

學館名	品格	地趾	學師	學生	學費	敎科用書
某氏蒙館	公立或私立	某鄉某村	姓名何地人年幾歲	共幾人幾歲至幾歲	共計幾何銀圓	何種

(二)組織公立學校　改良敎授法如黑板、桌、椅、及讀本書、必備是其先

着責之私家或多窒礙各會員有本地公欵可撥充者當設法籌之多則公立學校少則能補以上諸件亦妙

(三)研究教科書及教授法　由擧定研究員會同會長鑒定

附體育部簡章

(一)(宗旨)以激發國民精神爲宗旨

(二)(定名)德力智三育學堂本應具備茲以龍津學堂僅有體操而無種種運動特另行組織一部以備其不足故不曰體育會而曰体育部

(三)(職員)　(甲)部長一人任佈置一切事宜　(乙)會計一人司財務之出入兼任購辦事宜　(丙)書記二人任紀錄事宜　(丁)檢查二人任檢查器具事宜　(戊)教習若干人任引導事宜

(四)(經費)凡購置器具費先由各員量力捐助不足則行公攤

(五)(議事)每月開議一次商論一次其有應改革而經多數許可者改革之(議事細章另載)

（六）（課程）課程分普通特別二科普通科盡人皆習特別科各就性之所近任擇一科或數科擇定者爲專門科員餘爲隨意科員（課程表另載）

（七）（贊成員）如有熱心贊成本部之舉而以事故冗襍或地勢遠隔不能躬預作課者亦可列名本部作爲贊成員其權利義務一律平等惟入部時須由本部人員介紹開議時赴部與否聽其自便

專件

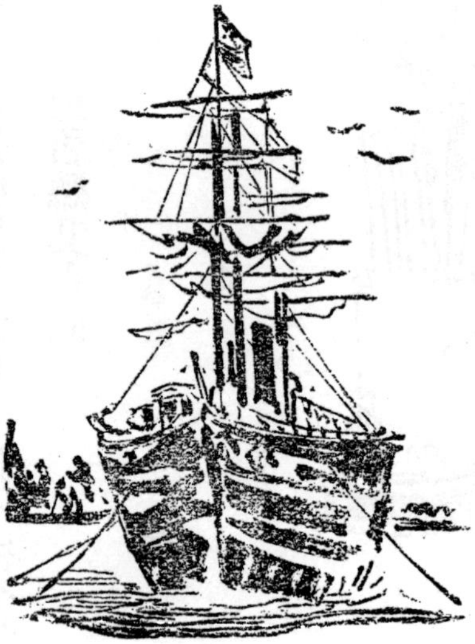

雜錄

東報隨譯

瑣談片片

問答

紹介新著

留學界記事

漢聲六期告白

漢聲

論說　原祖

學說　湖北哲學

史學　史學之根本條件

傳記　牢獄之英雄

教育　家庭教育

實業　●商學　國際商業政策
　　　●農學　農學分類（續前）

經濟　普通經濟學（續前）

理科　植物學（續三月分）

時評　內政外交二大爭鬪時代

小說　天牛忠魂

傳奇　揚州夢

雜俎　蘭心樓史話　奴痛

詞藪　楚風集渡米紀行詩

東報隨譯

◉英國之西藏遠征

俄國不撤滿州之兵。其永久占領之意。不言可知。英國以利益之不能讓人獨得也。遂出兵西藏。取亞細亞大陸礦藏最富之區以自足。而俄國又欲對此而求相當之利益。乃着手於烏什呵羅克兩地兵營之建築。爲入藏之先聲。藏民懼爲外人之魚肉也。人心恟恟蠢然思動。駐藏大臣始電四川總督轉請英公使飭遠征隊之中止。幷求俄公使停止建築兵營。而風說云。英淸間已立對俄維持西藏之密約。徵之軍機處覆駐藏大臣之電曰。務主平和。不可開釁。由此而觀。則英淸密約成立之言。當非虛語。從此兩大强國逐鹿于世界第一高原。馬首而東。得建瓴之勢。而德法諸國。又不得不向膠州諒山各方面內進。支那大陸。其將爲歷史上之名詞也必矣。

◉日俄交涉之進行

滿州問題之解決。繫於日俄交涉之結果。（我國民聞之有羞色否）而交涉之進行。至今尙依然如晦中探索。據各報報告。謂歐人之預想。皆以爲可望平和的結果。巴黎之輿論。更以爲日俄之爭。不獨可信爲平和之解決。且必進而爲合意之協商。胡惟德之電達淸廷也。亦謂俄國廷議傾向於平和之說。將召還亞東總督。使不反對滿州開放云々。然其眞狀。以吾觀之。不然也。十一月十一日。小村外相與羅笙公使（駐日之俄使）爲第八回之會見。其結果也。羅笙電促本國政府從速決定。而俄政府答以俄帝旅行不能爲確實之訓令。俄外相對於栗野氏（駐俄之日公使）之催告。亦不能決答。交涉之進行。因之遷延。爲清廷計。盍乘此而整其武備。聯盟英日。發最後通牒。迫俄人出兵。不然則相見以戎衣。庶幾東亞大局。籍以安寧。是所謂失之東隅。收之桑榆也。雖然吾信支那。必不能如是。

◉俄人在滿州之行動

俄人之出兵滿州也。以鎭定馬賊爲名。其撤兵延期也。亦利用此術。乃於十一月下旬。煽動在滿州各地之馬賊。冀遂其計。又遣兵派兵。日有增加。據十一月廿七日之所報。輾送于東三省兵數。又有兩師團。其海軍四分之三。亦悉集于太平洋面。回航中之戰鬥艦巡洋艦二隻。亦以十二月二日入旅順港。一面要求淸兵之團練解散。一面借鎭定馬賊之名。增派大兵。更要求各衙門之庫銀交付。且不僅此。更百計圖占滿州之商權。設通商一部。爲東淸鐵道中俄銀行之共同事業。販賣石油麥粉綿布綿絲等。近又有俄兵七千六百人。入安東縣鳳凰城。蓋俄國以商兵二者併吞滿洲者也。

◉俄之處置滿州

當日俄戰機危迫之時。亞歷且夫以滿州全土。將爲逐鹿之場。欲利其防禦。故不得不棄前日之假面。而編入此土于俄國版圖以統治之。今將其諭盛京將軍增祺吉林將軍長順黑龍江將軍薩保及其他在留滿州之淸國官吏之文件如左。

（一）關於滿州三省之統治全權。以俄皇所敕派之極東總督管理之。

（二）淸國地方官吏。受極東總督之命令。始能從事于其事務。違者處重刑。

（三）從來淸國之軍隊。悉編入俄國軍隊。

(四)若匪徒逢起。妨害治安。俄國軍隊當殄滅之。

(五)清國官吏欲維持秩序安寧。編制巡邏隊以資稽察。須得極東總督之命方可。

(六)清國官吏對凡關係于軍事上。及俄之軍人。須供給營舍食料。勤加優待。幷與以他之便利。

(七)清國官吏須順極東總督之命令。對於敵國爲適機之行動。如有謀爲不軌者。處以重刑。

(八)滿州在留清國人民爲避難而遷移至俄之他領土內者。俄國保護之。

◉滿州之利源 節譯

滿州沃野。一洗千里。利源之廣。非寒瘠不毛之土可比也。其居民漢人較滿人多十之七八。(此漢人中。以山東人居大半)故雖偏僻之處。亦無非漢人之足跡。而其語言亦不得不以漢語爲主矣。間有滿州遺老。能操滿語者。然奈不能應用于普通社會何。然人烟稀少。殖產未興。遺利滿地。不知利用。以吉林哈達長嶺子千山及錦州之松嶺子言之。多彌望不可測之大森林。凡寒熱二帶之植物。無不繁殖。而葡萄之豐產。實堪凌駕五州者也。若吾日人能務其耕稼。以釀造美酒。或精製乾菓。其原料可取之不竭。用之無窮。又以錦州海城遼陽盖平等州言之。良好之綿冠于環球。吉林烟草亦爲佳物。而吾日人乃以僅產大豆之地。誣滿州者。殆觀於牛莊之貿易。不過大豆與牛皮而云然耶。然試進而求之。即可悟矣。

猶有一莫大之利源。則礦產是也。盛京全省。蜿蜒盤結。無處無之。然北人大抵鈍魯。不如南人之俊捷。故多有以巨萬之資。委之外人。而已則甘受其頤使也。然則吾日人雖未得森林採伐礦山開掘之權利。可慫恿此愚物。以起事業。假其名器。收其實權。開物成務之特利。不難勝屈也。吾日人其勿懈。

雜錄

◉日俄交涉顛末之發表

小村外相對各新聞社員之言曰。維持韓國之獨立。及擁護帝國(日本自稱)之利益。實緊要之事。故苟有使韓國處於不安之地位者。帝國政府不能坐視之。然俄人不守公約。久占滿洲。更進而於韓國境域。為侵略之行動。一旦若滿洲為俄人所有。則韓國之獨立。必不可保。於是帝國政府急與俄國交涉。兩國利害接觸點之滿韓兩地。以相互之利益。為友誼的調理。東亞大局。永久維持。昨年七月下旬發通牒於俄國。求其贊同。俄政府欣然表同意。因之帝國政府於八月十二日使駐俄栗野公使送左之協商條件。

一清韓兩國之獨立及領土保全之事。

二在清韓兩國之各國公商業維持均等之主義。

三俄國承認日本在韓國優越之利益。日本承認俄國在滿洲經營鐵道之特殊利益。但限于不反對第一項之主義。為保護上記之利益。執必要之處置。兩國互相承認。

四韓國改革助言助力。屬于日本之專權。露國當承認之。

五今後韓國鐵道延長至滿洲南部與東清鐵道及山海關牛莊線接續。露國不可阻礙之。

當時帝國政府。欲時局之速解決。希望在俄都直接與俄國當局者商議。便交涉之進行。而俄國政府以俄帝之出遊及他種種之故。竭力相拒。遂不得已在東京商議。至十月三日。始從俄政府提出其對案。該對案之聲明。於尊重清國之主權及領土保全并在清國各國之工商業維持均等之約。悉行拒絕。而滿洲及其沿岸皆屬日本之利益範圍外。求日本承認。且於韓國。日本之自由行動權加種種之限制。例如日本為保護在韓之利益。雖認有出兵之權。而韓國領域之一部、不許使用軍略上之目的。更欲以北緯三十九度以北之韓國領域。爲中立之地帶、因之帝國念俄國若無併吞滿洲之意、何以俄國累次自所聲明之尊重清國主權及保全領土之主義。難以加之約欵中耶。此中理由。殊不可解、是以俄政府所拒絕者、益使帝國政府覺加入之必要、且帝國之於滿洲。不僅現在有商業上之利益、將來益益發達之期望。亦不尠。加之在政治上與韓國之關係有緊切之利益今謂此地、全然在我利益範圍之外。斷所不能、故斷然拒絕之。而仍以右之意見、對於俄之提案、提出必要之修正意見。至於中立地帶、若設之、當於滿韓境界之兩側、劃一定之距離。各以五十基羅邁當之地充之此提議在東京經數次折衝、終以十月三十日將我確定修正案、通牒於俄國政府。爾後數回促其回答。直遷延至十二月十一日、始接其復牒然該回答中。關於滿洲條項。悉行削除。以此協商、爲全然關於韓國者、且韓國領土不得行軍略上之使用。及中立地帶之議、仍維持其原所主張、若置滿洲於本協商之外、實非當初開交涉之主旨、蓋帝國政府於滿韓兩地。日俄之利益。爲友誼的調理。欲兩國衝突之原因、一掃而空、特於十二月二十一日向俄政府求其再思、又關於韓國前記如領土使用之限制、要求其削除中立地帶之事。在俄國既不同意于韓國、亦不當設其提議全廢可也、俄國政府對於右之復案、以一月六日與我以回答、上記二項、依然主張露國之原提議條件中、聲明日本及其他各國在滿洲之利權及特權。得之於與清國現行條約之下者。不阻礙其享有、(但除居留地設定)以此加入協約中、俄國當承諾之。然關於滿洲領土之保全、毫不言及、而不伴領土保全之確約、前記之保證、似於實際上無絲毫价値者。何以言之。條約上之權利與主權共存亡者也。若俄國併吞滿洲。則列國與淸國條約。所享有之權利與特權。亦同時消滅矣。故帝國政府愈俄使國尊重滿洲之領土保全。爲協商之必要。關於居留地設定之限制。以締結日淸間通商航海條約相牴觸。削除之。又關於韓國之事。亦不能讓步。決意堅持我之修正案。以一月十三日求俄之再思。爾來數次促其回答。而俄國絕無指定回答之時期。此事帝國政府。始終以穩和公平爲政綱。向於俄國政府毫無責難。而俄政府峻意拒我。累次遷延不答。一面充實海陸軍備。其大兵已壓於韓國境上。帝國政府。實衷心念切平和。故隱忍以至今日。然俄國之行動如是。故帝國政府終於協商絕望。談判斷絕已。

瑣談片片

▲德國皇室之侍者三千人

德國皇帝維廉陛下雇使侍者較他國皇室爲多。其總數過三千人。而其三分之二。爲女子。故各皇室之女子侍者最多者莫德國皇帝若也。

▲無煙火藥之大發明

英國陸軍大佐呵迫氏。積十年餘之苦心。經一萬餘回之試驗。而發明一安全堅固之無煙火藥。近據大佐所言。謂此火藥。較舊英所取使用之無煙火藥强十分之二。而毫不含有硝酸化合物、硫黃燐格魯兒酸鹽等。且無危險之成分。其發火點。約在千二百度。即置此藥于鐵砧之上。雖以鐵槌破碎之。亦不爆烈。蓋以無危險之成分。故有安全之結果也。雖經氣候變化。亦不失其本質。且製造易而價廉。大砲小銃皆得使用此藥之特點。有如此者。

▲世界最大鐵橋之落成

紐約奴司河上架設中之鐵橋。現已落成。此橋費七年三時間。八百萬兩之巨款而成者也。其長七千二百英尺。廣百十八英尺。其上有複線電車道二條。複線汽車道一條。人道二條。車馬道二條。自轉車道一條云云。

▲美國女子之成功者

前年美國現今人名字典中所載男女人數合一萬千五百五十一人。女子九百五十四人。以其職業上區別之。則著作者最多。有四百八十七人。次之美術家。百三人。教育家九十一人。新聞記者六十五人。女優五十九人。音樂家四十三人。社會改良運動家二十七人。醫士三十一人。科學家十七人。宗教家十三人。慈善家十二人。法律家九人。其平均年齡皆不過五十歲。

▲世界最年少之將官

故波斯王之甥。實世界中之最年少之將官也。其年齡僅十四歲而已。爲波斯陸軍將官。占重要之地位。亦奇事也。

▲世界最大之小學校

美國紐約市中。現擬設一世界最大之小學校。據其計畫。謂此小學校有百二十四個教室。足收學生四千五百人。其中最大之講堂。可容兒童一千六百人。其房屋高六層。有多數之昇降機。多數之食堂浴堂裁縫室等。而貧民子弟之來學者。皆得無資飲食幷縫繕衣服等云云

▲以四個馬鈴署分配五人

某國某村之某小學校長。向其生徒。發一問。索答曰。家有小兒五人。然其母所有之馬鈴薯僅四個。其公平分配之法如何。各生徒均靜坐默思。忽一生徒突然向校長曰。先生將所有馬鈴薯搗碎。分配諸兒。何難之有哉

▲肝油一瓶能靜浪

漂蕩於氣候險惡風波猛烈中之一船客。忽自甲板來向船長曰。肝油能靜此浪否？船長問以故。曰吾有肝油一瓶。若能平靜此浪。則不但吾一人之名譽。亦滿船客之幸福也。

留學界記事

◉記清華開校日犬養氏之演說

東京舊有清華學校。爲吾國海外敎育之一部。其後經同人重訂功課。加意改良。西曆正月八日。學業開始。公請名譽校長日本前文部大臣犬養毅君。及名譽監督柏原文太郞君。來校行開校式。中國公使館隨員到者二人。一參贊馬公。一監督梁公。鐘鳴九下。犬養氏登臺演說。由敎習何君譯以華語。記者以其語之痛快眞切也。撮而錄之。以告我同胞。吾不知閱者至此。果動如何之感情乎。

今日清華開校。得與諸君相見。余深喜近年貴國來游之盛。與諸君求學之殷。但諸君遠道數千里。來此海外留學。豈不以時局危急。發於愛國思想。欲求世界學問以補救危亾於萬一。諸君既有愛國之心。當知今日之世界爲何如現象。今日之中國對於列强處何等之地位。日俄開戰之說。與黃白兩人種有如何之關係。諸君苟念及此。當無不痛哭流涕寢寐不安者矣。

余近頃以觀察東亞大勢。從遼東歸來。見俄國虐待華民。情狀慘不可言。俄之經營滿洲。德之經營山東。於軍事上布置。着々利害。西比利亞鐵道達於旅順。德國新建設之鐵路。亦將及於山東省城。雙轡相鬬。京師已成坐困之局。而況膠州灣據於德。旅順大連租於俄。威海衛佔於英。四面受敵。而中國海軍無立足之地。僅々芝罘一區。尚可停泊兵艦數艘。但此處波濤險惡。風勢稍大。停泊難穩。是貴國即有海軍亦苦無位置處矣。今世界列强。群尙兵力。各謀保護其國權而海軍尤爲擴張國勢之根要今貴國於海軍之現象有如此至於陸軍直隷一省僅有五萬而用洋式操練器械齊整可爲戰備者不過二萬餘皆不足用此外各省余雖不甚深悉大約亦不出此數若用以勦滅野蠻土匪或可一用欲與各國戰爭則決不可恃今俄國雄據北方恃强蔑理再占奉天省城貴國政府恐懼不敢置問近且駸々及於日本妨碍朝鮮主權吾政府決計反對之勢將開戰戰事一起兩國勝敗自不可定幸而日本勝則貴國或尚可以支持不幸而日本敗則在日本猶有可以自保之道而朝鮮之滅亡滿州之割據此自無待言者即如直隷山西一帶恐亦在俄國勢力範圍以內矣俄旣如此德占山東英據長江法奪雲貴兩粤均在意計之中而中國乃立見瓜分余試問諸君於此時果作何等思想余意諸君自必發憤歸國集合團体以與外人拚命此等思想余甚欽佩在貴國亦屬難得但自余觀之恐仍無濟何也貴國人之就義只能自尋短見不能殺敵致勇此其故因貴國人只有一人進退出處之思想並無國家存亡利害之觀念吾自歷史上觀之如明末時殉難盡忠者非不多或閉戸自盡或投河奔井甚則罵賊而死絕不有一致命於敵人者此與國家有何利益且多死一人即少一殺敵之人無益於已國而反利於敵人我日本人民決無如此思想如此行爲之人

余今更舉例以證之諸君其勿怪余讀揚州十日記嘉定屠城記余深歎支那人種是天生在應行淘汰之列蓋當時揚州城內尚有人民八十萬人淸兵來者不過數千兩人敵一人可以殺死四十萬即以十人敵一人亦可殺死八萬人而其時人心渙散尚各希冀免死祇思鼠竄奔不想集合大群同心禦侮

至刀斧臨頭則惟有引頸就戮而已。故往々聚數千百男女令一兵驅之如驅羊豕莫敢發一聲者。夫人類究非牛馬猫犬何以馴服一至於此。試問今日列强競爭天演淘汰地球上尙能容此等人種以占據一席地耶。今諸君苟大發義憤不惜一死以救國亡。余敢以一言正告諸君。諸君決不可如前之爲一身進退出處而死。要當爲一國存亡利害而死。爲一身進退出處而死死不免爲匹夫。爲一國存亡利害而死死乃無愧爲國民。

余久承本校推爲名譽校長。余實深願諸君勤學好問勉成世界學者。諸君爲求學而來。亦無不願勤學好問以成世界學者。但至國家存亡一髮之際。又不願諸君僅以求學之心置國事於不問。貴國開明者少。諸君對於本國實負絕大之責任。諸君而不問。更有誰問國事者。幸而無事。諸君在此讀書。亦應注意尙武精神。使一面爲學生一面即有軍人資格。貴國習於文弱。向以執兵爲恥。亦一亡國之原因也。不幸而俄日竟至決裂。諸君留待學成緩不濟急。余勸諸君各歸本省集結團體。各自保其土地。儘力與外人抵抗。使人人能殺敵致勇。有身可殺家可破土地不可失之意。則貴國四萬萬人雖甚貧弱。誰能亡之乎。余希望貴國自立甚切。故不覺與諸君言之過摯。諸君其善思之。

◉記浙江冬季同鄉大會

中曆十月十八日。吾浙開冬季同鄉大會于東京麴町富士見軒。到者百有五人。是日兼爲張君世杓經君亨頤王君夢齡速成師範卒業送別。鐘九下集于演說堂。先述開會詞。並橫濱同鄉會成立之快報。合座狂喜擊掌如雷。次選舉職員。次報告。一庶務。二會計。三書記。四招待。五雜誌部。報告畢。適鐘十二下。赴

雜錄

食室。煖爐梅香。酒肴盛列。食卓馬蹄形。椅鱗鱗相接。無意之中見團欒親睦意也。坐整。首進酒于卒業諸君。以誌別離。次進酒于初入士官學校諸君。（共十七人）以表期望。三進酒於寓濱同鄉諸先生。以歡迎濱會之成立。四由寓濱同鄉進酒于東京同鄉。以預報明年新正開第一次大會。鐘一下半退席。攝影于庭中。復集演說堂。提議諸事及維持雜誌事。至四下。盡歡而散。

紹介新著

●Hand-book of Gommercial Geagraphy

袖珍商務地圖　價約龍銀六元五角

其斯花姆氏 Chesholm 著。計圖二十九幅。彩色鮮明。記載清晰。展卷一覽。凡口岸商埸軍屯鑛山都邑航路鐵道電線險要之處。皆歷歷如數羅紋。並附出產製造等圖。中國各圖。搜括尤富。而於鑛埸尤三致意焉。吾國學子於數十年前之舊圖。猶未嘗一寓目。今展斯圖。能無撟舌失色耶。聞其氏爲倫敦地學會會員。曾游吾國。一切情形。皆若觀火。覽其東亞各圖。彼英人經營之手段。已可概見矣。有志斯學者。盍置一編。以較日捧小方壺輿地叢鈔等書。其所得爲何如。

●China

中國　價約龍銀十元

馬克勞拘 Macullo ch 氏著。凡四卷。出版於陽歷今年八月間。西人之論中國時事者。以此書爲最新。馬氏不知何人。據自謂居中國二十餘年。深知中國情形。測之殆傳敎士也。其文雖不甚暢達。而所論議。則多中肯綮。第四卷論漢族衰弱之種種原因。吾親愛之同胞。不可不讀。

●Concise Gazettear of the World

簡便萬國地名字彙　價約龍銀五元

清白 Chamber 氏著。內容極佳。爲研究地理者必備之書。凡世界要地。搜羅詳盡。而於河源尤詳。後附地圖三十二頁。與前相對照。留心方輿之學

雜錄

者允宜置此。

From the Caster Sea

英詩集　價約龍銀四角

日本野口米次郎氏著。歐洲詩趣與東亞殊。性情旣岐造語斯異其思想性情多爲吾國學子之涅伏中所未具故研鑽之際勞瘁實多野口氏久游歐美。深於文學。且嫻詩歌。乃以歐洲之韻言寫東亞之思想。得三十餘首。出版後。歐洲文人學士。皆擊節嘆賞。謂爲往古所無別開生面刻意摸倣者不可勝數。而歐美各報則至以詩學新發明家稱野口氏云。觀此足知此書在英文學中。實能發一種特別之光輝者。研究英學人士。尤宜諷頌一周。加以同屬亞人。思想相似。其趣味或反深於歐人之作歟。然吾國習英文者大都以譯鞮爲絕大志願吾未知可有閒情讀此書也。

問答

（問）貴誌第八期論說中引有觀雲氏民習論一節民習論究於何時出版上海各書坊有售賣否定價若干統乞示知（狂叟）

（答）民習論爲中國興亡一問題之第四章見新民叢報第三十一號坊間並無單行本

（問）講生物進化者必言遺傳變遷之序其理安在乞示知（西橋勇夫）

（答）凡生物之子孫必肖宗祖如子必肖親是也是曰遺傳然綿視之又必有毫釐之差而其孫亦然是曰變遷或曰變成令試據水鳥言之水鳥之足生於體之中部與他鳥同其子孫因變遷之故遂有生於前者生於中者生於後者在後者利於游泳得優勝之位置適於生存不適者滅亡乃成生存競爭之結果至今得占水產動物之一席由是觀之講生物進化者必究其遺傳變遷之序也

（問）貴誌四期科學中所用符號如A' B'等如何讀法并如何綴法爲何國語言有何意義均希詳示（冠東）

（答）讀作A達許（dash）B 達許者英語也其意即『一』形之記號也A''讀作道勃兒達許（double-dash）A'''讀作曲理迫兒達許（treple-dash）是也讀作迫蠟因時亦英語也A''則讀作A吐迫蠟因（two-prime）A'''讀作A色利迫蠟因（three-prime）

（問）近時傳述能不假光線作用而得簡易之照相復照法請將其原理畧示一二

（答）此法係有名物理學專家愛司氏所創意。而其門人愛司加里氏所實驗而明者也。其法主在接觸作用由乾片復照。無須光澤。故晴雨晝夜皆得照之。以其所用藥品。無礙於觸接光綫。且無須暗室。便利眞不少。

小說

地底旅行

英國 威男 著

之江 索子 譯

第一回 奇書照眼九地路通 流光逼人尺波電謝

溯學術初胎文明肇闢以來那歐洲人士皆瀝血剖心凝神竭智與天爲戰無有已時漸而得萬彙之秘機竅宇宙之大法人間品位日以益尊所惜天下地上人類所居而地球內部情形却至今猶聚訟盈庭究不知誰非誰是從前有個學者工石力子曾說地球中心全爲液体一般學子翕然從之迨波靈氏出竟駁擊不留餘地其說道設地球中心是沸熱的液体則其强大之力必將膨脹地殼難免有破裂之患猶汽罐然蒸汽既達極度則訇然作聲忽至龜坼然我等所居的地球爲甚至今還是完全的呢波氏之說出這班隨聲附和的學士先生也只得閉口攢眉逡巡退去

了今且不說單說地殼厚薄仍然是學說紛紜莫綜一是有的說是十萬尺有的說是三十七萬尺有的說是十六萬尺而有名的英國碩儒迦布庚則說是自百七十至二百十五萬尺唉好了好了不必說了理想難憑貴在實行終至假電氣之光輝探地府之秘密者其勢有不容已者歟

却說開明之歐土中有技術秀出學問淵深大爲歐美人士所欽仰之國曰德意志鴻儒碩士蔚若牛毛而中有一畸人焉名亞離士幼即居其叔父列曼家研究鑛山及測地之學列曼爲博物學士甚有盛名鑛物地質兩科尤爲生平得意之學故常屏絕家事蟄居書齋几上羅列着無數光怪陸離的金石窮日比較研鑽視爲至樂且年逾五十體力不衰骨格魁梧精神矍鑠隆準班髮双眸炯炯有光其明敏活潑的性質便是青年也不免要讓他幾步一日獨居書齋涉獵古籍不知有何得意忽然大笑幾聲蝦蟇似的四處亂跳亞離士正從對面走來見如此情形不覺驚甚忙問傍邊的竈下婢道叔父何故如是竈下婢搖首答道不知主人沒喫午餐並命晚餐也不必備停了片刻便跳躍起來諒是不喫飯的高興了亞離士越加驚疑暗想

此必發狂無疑惟呼洛因來或可稍解其煩悶仰首吐息涉想方殷不圖列曼學士早經瞥見大聲叫道亞離士亞離士來來亞離士聞言連忙入室列曼命他坐下徐說道余頃讀臘丁奇書知衣蘭岬島的斯捺弗黎山有最高峯曰斯愷忒列每年七月頃噴火以後其巔留一巨穴余歡喜無量不覺雀躍余覃思大念欲旅行地底者久矣今幸獲新知可償夙願故決計一行汝將如何行乎抑居乎這亞離士本有獻身爲學術的犧牲之志今聞列曼言也不覺手舞足蹈不待說完便拍手大呼道贊成！贊成!!願從願從列曼笑道事不深思便呼贊成迨欲實行必至畏縮爾須再三思惟不可如是草率若一聞創論想也不想即滿口答應到後來却躊躕不進是要貽笑于大方的亞離士子細一想果然有点危險然丈夫作事寧懼艱危爲學術的犧牲固當爾爾便把決心之故告知了列曼起身辭出萬端感想倏湧心頭意大地中心必有無窮嶮巇或遇酷熱鎔石爲河或遭沍寒堅氷成陸怕比風災鬼難之域更當艱辛萬倍哩唉行路難行路難想去想來那明月麗光已輝屋脊只見洛因已從門外欵欵而入黛眼波澄蜷髮金燦微笑問道君氣色大惡遮莫有煩惱麼亞

離士道洛因洛因長爲別矣不及黃泉不能相見這人間界是卿的領分了洛因見亞離士如醉如狂滿口囈語愕然道君何故嚇妾今願速聞其詳亞離士道我憂吾叔父狂耳洛因道狂？妾今晨殊不見有狂態亞離士道眞的君試與譚便知狂態洛因道究竟何事呢說畢双眸灼灼促其速答亞離士便從蝦蟇似的跳躍說起自頭至尾細細講了一遍洛因且听且思不覺樂甚反安慰亞離士道叔父安排必無錯誤君可勿憂幷說了許多閒話從容而去

原來這洛因是列曼的親戚生得蕙心蘭質楚楚可憐與亞離士極相契合然洛因雖是女子卻具有冒險的精神敵天的豪氣所以得知此番地底旅行卻比亞離士更爲歡喜而亞離士則自洛因去後歛心抑氣徘徊房中久之久之洛因含笑入室兩道視線直射亞離士之面說道妾適聆叔父之言極有義理決無不虞且知君當時極力贊成今爲甚背地裏如此爲難呢噫行矣男兒亞離士君雄赳赳的說了幾句返身歸房去了亞離士轉想果然不錯大丈夫不當如是麼便制定心猿展衾就睡無奈三尸作怪夢中不是見鎔岩噴溢的火山便是遇怪石嵯峨的深谷徬徨四

顧寂無一人危哉危哉悲聲成嗄及大呼出險醒來纔知是自己的聲音探首望玻瓈窗已有初日的美麗光線閃閃然作紅薔薇色了

亞離士急推衾披衣推窗一望見已有許多人夫螞蟻似的盤旋中庭列曼屹立其間指揮收拾行李亞離士失聲道呀遲了這位老叔父不知又要嘮叨多少話哩便匆匆出房這列老先生果然大有嘲笑之色冷笑道哼儞眞勤極睡至此時儞是做什麼的呢此刻不是十點鐘麼亞離士漫應道是十點鐘了然叔父爲甚匆促至是呢。列曼道儞還不曉得麼我等是明天要動身的亞離士聞言驚其過速問了一句爲甚明天就要動身而列老先生又發起恨來了他說道我等是優游卒歲的人麼儞怕死麼如此推托儞惜別麼同那洛因有長圖大念的人是可以惜別的麼列曼絮絮叨叨說個不了亞離士沒法只得裝着悠然的樣子强辯道我是一無所懼的有誰說我是怕事的諒未必有罷我的意思不過以謂從容辦事纔能完善後面又沒催促的何必像逃難一般汲汲如是呢列曼道沒有催促的麼這光陰不是麼亞離士還說道。今日是五月廿九。至六月杪。尚有……列曼道儞開口便說尚有這

『尚有』兩字便足爲儞是懦夫之証了須知我等往衣蘭岬島是遙遙遠道與赴巴黎不同儞以爲同往巴黎一樣麼若非我昨日終日犇馳儞連那從可奔哈侃至雷加惠克（衣蘭岬之首府）的汽船只在每月廿二展輪一次的事情還設曉得呢

亞離士不能辯期期答道原來如此我卻未曾留神列曼又道若待廿二惟恐後時。我等須早往可奔哈侃纔是此時一切行李。如繩梯、卷索、火繩、鐵鍵、鐵柄的木棍、鐵鎚、等都已停妥重復細心調查了幾遍裝入行篋中把螺旋捻緊祇待翌日啓行。亞離士也神氣發皇奮力理事蓋自趨絕地壯士或爲逡巡然死迫目前懦夫亦能強項亞離士之奮迅雄毅一變故態者如是乎抑非如是乎

青年亞離士于一剎那頃大悟徹底捨身決志以赴冥冥不測之黃泉洛因亦來百方慰籍亞離士爲之奮然生踏天踔地之概時長夜迢迢更漏澌澌雄風凜凜私語切切殘月上窓万籟俱絕而亞離士眠矣而洛因去矣不知何時忽聞有彈窓以呼者曰亞離士君！亞離士君！亞離士心中一跳躍然而起

第二回　割愛情揮手上征途　敎冒險登高嚇游子

卻說亞蘺士夢中聽得叫聲嚇了一跳幸而子細聽取是平日常來驚夢的洛因在外扣窗說道亞蘺士君再不起來又要討叔父的駡了亞蘺士連聲稱是急忙起牀洗盥畢巳是朝餐時候走進食堂見叔父列曼笑容可掬的已喫得腹笥便便還拿乳羔炙雞張着口大啖不止瞥見亞蘺士進來招手命坐滿口含着食物含糊問道儞一切事都豫備了沒有亞蘺士答道都妥當了我本來沒有豫備的事列曼拍手笑道好好既如此儞快喫朝餐那驛馬已在門外等久了遂回過首向洛因道亞蘺士遠行儞要寂寞了然我望儞善自攝衛與時相宜洛因微笑道這自然多謝叔父列曼点点頭又對竈下婢說了許多看守門戶的要領侍奉洛因的規矩纔說完便把兩目直注在亞蘺士喫飯的口上呆呆立着亞蘺士雖纔半飽然沒奈何也只得投七而起列曼口裏嚷道走罷走罷便橐橐的先自出去亞蘺士見叔父先行便來全洛因握了一握手洛因還說什麼前途保重努力加餐這些話亞蘺士却說不出一句話來裝着笑容返身便走上了馬車在列曼對面坐下馭者加上一鞭黃塵擁輪去如激箭亞蘺士眼中惟彷彿見亭亭倩影遙望車塵而馬車一轉正被列曼遮

着暗忖道予欲望洛兮叔父蔽之……然馬車已抵迦修荊士汽車驛了兩人即換坐輧車中未幾汽笛一聲車動蠕蠕既而如風行電掣一般自驛間馳出亞蘺士檢点過行李列曼從懷中取出一封紹介信說道這是我故鄉剛勃迦府的駐紮領事丁抹國的芬列謙然氏寫的便要讀給亞蘺士聽什麼『有博物學士列曼君』又是什麼『有地底旅行之大志』亞蘺士雖隨口答應其實並沒聽得半分只見四圍景色都如過眼烟雲一帶高原倏在輧車之後不多時竟到吉黎海岸了

列曼學士說一聲我覓汽船去早已執杖下車亞蘺士招呼行李畢急到船塢見這老叔父已面紅耳赤在汽船上亂跳口裏說道其實可恨儞們總喜歡待豈非浪費光陰麼我看儞們待到什麼時候原來這艘汽船必待夜中方能出發非靜俟九時間不能啓行他性質本來褊急越想越氣所以尋着船長又在那裏大加敎訓了船長卻悠然答道閣下何必着急如是呢荒村景色處處宜人策杖尋幽豈不大佳麼亞蘺士亦在傍笑道終日奔馳獨未探得此事此刻有什麼法子呢列曼沒法只得走到平原瞻眺風景但見茅屋參差遠林如薺晚禾黃處小鳥歡鳴乳羊成羣牧童

傢睡。亞離士亦爲之心曠神怡。大賞旅行的佳趣。漸而晚山爭赭。慕靄蒼然。兩人便入村中。飲了幾瓶啤酒。徐步登舟。已將夜半。少頃。汽船「埃雷」已吐烟排浪。向哥遜爾盧進發。翌日十點鐘。到了可奔哈侃府郭外。遂舍舟登陸。在「芬尼士」旅亭解了行李。小憩片時。列曼呼使僕問道。此地的北方博物館何在。使僕答道。此去不遠。列曼遂偕亞離士出門。向博物館而行。此博物館雖基礎不寬。構造甚質。然經幹事湯珊氏多年辛苦經營。故北方的名產古物。無不蒐羅薈萃。每年觀客。實繁有徒。湯珊聞二人來游。歡喜不迭。待遇極爲優渥。列曼將調查往衣蘭岬瀛船的出發日期一事。託了湯珊。湯珊道。六月二日恰有丁抹國的「華利吉獵」艦向雷加惠克府進發列曼大喜。謝了湯珊。又拉亞離士同去拜會艦長。說明來意。艦長拔倫道。二君可於禮拜五午前七時來此。列曼也不再責他待時。唯々作別。歸了旅館。豫計行期。尚距數日。二人旅居大都。縱覽名勝。還不至十分寂寞。惟亞離士雖歷覽雄都。終不免時生遐想。望伊人兮天一方。挑燈偶語。聯袂游行。都如昨夢。不可得矣。亞離士方支頤馳思。悅若有亡。而好事的叔父郤偏惠然肯來。早立其側。問道。亞離士。爾想甚麼想上這譙樓一游麼我陪你去一面說一面向空中亂指亞蘺士連忙答道不是不是我登高時要昏眩的列曼笑道暈眩這種事情都不能習慣麼不行不行亞蘺士還不肯無奈列曼苦勸不已只得懶々的同到譙樓但見古壁圖雲飛甍入漢眞好個所在列曼令門守開了門偕亞蘺士拾級而上其中冷氣森然昏不見掌亞蘺士已渾身寒栗不能復耐行了幾百級目眩頭暈幾欲仆地大叫道我不上去了列曼怒叱道你如此懦弱是個支那學校請安裝烟科學生的胚子能旅行地底的麼亞蘺士不得已揺着列曼衣襟戰々競々竭力向上不一時竟達絕頂開眸一望則飛雲如瀑御風而馳輕帆疑鷗浮游波際瑞士的海岸正返照入兩目之中其景色之高尙偉大爲生平未曾夢見約一時後乃徐步下樓亞蘺士纔覺筋骨爽然如釋重負然年齡方幼未涉征途受了一點鐘的冒險教育不免又生游子天涯之感幸而得了一個朋友是法國人漸相契合或探古跡或游梨園拿這人作了拄杖始免羈旅之苦蓋丁抹梨園華麗甲天下優人之尊世無其匹有入大學兼修數種學科而卒業者有出入宮禁王公大臣爭來交驩願爲其義子從僕而不可得者云

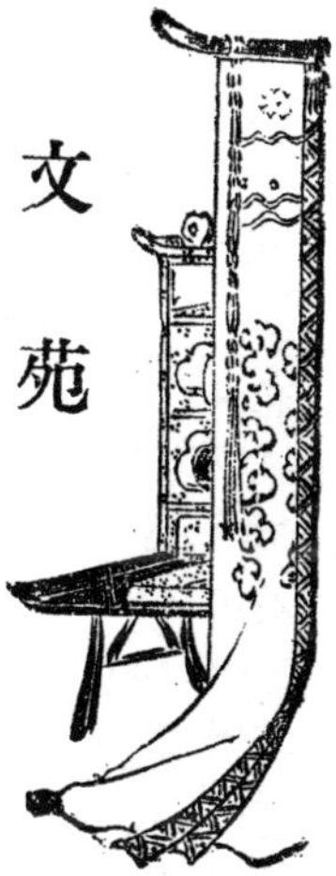

刺時 幷序

君木

自歐化主義行而中國學界之風氣一變自由平權權利競爭諸公理互相發明文明發達亦進化之公例然也然風會所趨薰蕕混器一時佻達儇薄之子往往標舉新說緣飾臆解借新學之假面以濟其種種虧損私德之非以是因緣遂使歐美鴻碩之學說益貽耆舊老師以口實不其惘歟昔盧梭氏鑒於法蘭西民族之虛浮於是有非開化論之作夫開化何足非託開化之名以沮夫開化之實斯誠文明之公敵而孔氏所惡爲鄉愿亂德者也不能默默賦詩刺之以見新學之眞相固自有在而非頑固保守者所得藉口而詆諆也

世界有同胞家族無倫理愛國忘其親大哉志士志

抵掌談合羣肝膽映人熱一言不相中刀光起同室

男子有血性奈何以憂死金尊檀板中不忍談厭世

敦品與立行璅璅非公德廉恥何足論國民有天職

文苑

自由復自由自由肯放棄醇酒與婦人甘爲自由死
昂頭罵科舉低頭盼鄉榜今朝新貴人昨日革命黨

讀楞嚴

萬古毗羅城煙蒿莽蕭瑟彈指隔人天了了見明月
埃塵淹蓋纏震旦墨若夜願以慧之花普向十方灑

塞上曲

塞草西風颯々號傳聞胡馬過臨洮將軍自有安邊策落月營門夜會高

送家晦庠北上　錄二

迷茫小刼感人天猿鶴蟲沙一惘然策馬幽州臺下過不堪滿目是山川
笳鼓津門不忍聽南天回望感漂零丁沽海色橫秋黛不及家山一髮青

燕京懷古　羣俠

雄關高控帝王州隱隱金臺百尺留此日無人收駿骨當年有恨誓烏頭薊門煙合
參差樹易水風寒日夜流屠狗賣漿今寂寞誰將游俠動王侯

◉浙江省防調查表

本會調查員稿

營名	中營常備軍中哨
駐紮地	省城梅東高橋
離城方向里數	省城內迤北
部下總數	正哨四員副哨四員什長三十四名親兵四十八名護兵二十名正勇二百二十四名伙勇三十八名槍匠一名營教習一名哨教習一名
分紮處	
汛守界	駐防省城
毗連鄰營方向	與本軍右營毗連
月支餉需	月餉 每月大建一千七百四十九兩六錢 軍裝 來福槍一百六十八桿毛瑟槍一百五

前哨	左哨	右哨	後哨
	正哨駐水星閣 副哨駐師古橋 什長駐肅儀巷 什長駐天漢橋	副哨駐紫金冠巷 什長駐紅門局 什長駐大方伯 什長駐馬所巷 什長駐塔兒巷	副哨駐報國寺 什長駐小營西

十桿 洋抬槍四十桿

軍火 每季一領 槍藥千斤 砲藥四十八斤 銅帽六萬顆 鉛丸一百八十七斤八兩 皮紙五十刀 火繩一百根 更香三千枝

前營巡察軍	
中哨	前哨
嚴州府桐廬縣	杭州拱宸橋
中哨六棚 營官一員副哨一名親兵四十八名什長六名伙勇六名巡查三名	前哨八棚 正哨一名副哨一名護勇五名正勇五十六名什長七名伙勇八名
營官同中哨三四五六隊駐桐廬縣西南半里許半壇什長同中哨一隊駐桐廬北二十里橫村埠什長同中哨二隊駐桐廬北十里舊邑鎮	正副哨率一二四五七隊紮拱宸橋三官殿什長同三隊紮陸家塢什長同六隊紮板橋八隊歸入武備粵堂
西九十餘里有精勝軍右旗紮建德縣西南餘百八十一里有精勝軍紮蘭谿縣東南一百五十里有後巡察軍紮諸暨縣	東南三里有湘軍後營砲船駐大關崇善廟東北一里有湘軍水師後營砲船駐拱宸橋
月餉 每月大建一千六百二十一兩六錢故每月小建一千五百七十四兩四錢	軍火 每季應領槍葯六百斤銅帽三萬六千顆鉛丸一百零八斤皮紙三十刀更香五百枝

左哨	右哨
嚴州府桐廬縣杭州府新城縣	嚴州府分水縣及桐廬縣
與前哨同	與前哨同
正哨率一二五隊紮桐廬城隍廟副哨率七隊紮新城新安會館巡查率三隊紮新城萬市橋什長率四隊紮新城草鞋嶺什長率六隊紮新城三里溪八隊歸武備學堂	正哨率一二五六隊紮分水玉華書院什長率七隊紮分水浦台鎮副哨率三四隊紮桐廬楓埠八隊入武備
西三里有楚軍水師二號舢板駐桐廬縣毛家埠東三里有楚軍水師頭號舢板駐桐廬縣碼頭	南七十里有精勝軍右旂紮建德縣北十里有新後軍前營左哨紮於潛縣印堵埠

後哨	左營常備軍 中哨
駐富陽縣	駐省城鳳山門外南星橋營壘
	離城鳳山門外西南二里
與前哨同	正哨四員副哨四員營教習一名哨教習五名槍匠一名什長三十四名親兵四十八名護兵二十名正勇二百二十四名伙勇三十八名
正哨率三四隊紮富陽城隍廟副哨率五六隊紮富陽南十五里高橋一二隊紮富陽西十五里青雲橋七隊紮富陽北唐家塢八隊歸武備學堂	五隊親兵分紮會稽縣之曹娥營
	自南星橋一帶地方至錢江為界
由富陽西北七十里有省防後營巡察軍分哨紮臨安縣又東三里有錢江水師前哨紮該縣碼頭	東鄰錢江水師砲艇西鄰饅頭山右營常備軍南北無鄰營
	月餉 每月大建一千六百六十九兩六錢每月小建一千六百二十二兩四錢

前哨	左哨	右哨	後哨
與中哨同	與中哨同	與中哨同	
八隊歸武備學堂全哨駐臨浦	八隊歸武備學堂全哨駐本營	八隊歸武備學堂正哨帶一二隊駐會稽之陽浦副哨帶五六七隊駐黃壇青壇巡查帶四隊駐上浦	八隊歸武備學堂正哨帶一二一三隊駐上虞章鎮副哨帶五六七隊駐曹娥四隊駐蒿壩

軍裝 來福槍二百六十八桿毛瑟槍一百五十桿劈山砲四尊

軍火 每月應用槍葯三百三十觔銅火兩萬顆鉛丸六十一觔砲葯十六觔皮紙十六刀更香一千枝

右營常備軍 中哨	前哨
一三四五棚紮紹興校士館二棚紮省城鳳山門	平水鎮倉前豬山饅頭山等處
校士館在紹興城內東饅頭山在省城鳳山門外離城半里	平水鎮在會稽縣南三十里倉前在蕭山縣北七十里饅頭山在省城鳳山門外半里豬山在蕭山縣北七十里
正哨四員副哨四員營教習一名哨教習五名槍匠一名什長三十四名親兵四十八名護兵二十名正勇二百廿四名伙勇三十四名	
營官帶一三四五六棚駐紹興二棚駐省城	正哨帶一五七棚紮平水鎮副哨帶六棚紮倉前三四棚紮豬山二棚紮饅頭山
駐防紹興及饅頭山營壘	保護繭行彈壓平糶
山陰縣西一百里臨浦紮有省防後營巡察軍會稽縣東八十里曹娥紮有省防左營常備軍	

月餉	每月大建一千六百六十九兩四錢小建一千六百二十二兩四錢	
軍裝	毛瑟槍一百五十桿來福槍二百六十八桿	
軍火	未詳	

左哨	右哨	後哨
艮山門外火葯局下菩薩堯典橋三處	杭州省城內	柯橋鎮油車埠龕山鎮五里街饅頭山等
火葯局在城北五里下菩薩在城八里堯典橋在城北六里	上城	柯橋鎮在山陰西油車埠在蕭山北龕山鎮在蕭山北五里街在蕭山北
正哨帶一二三四六七棚紮火葯局四棚紮堯典橋五棚紮下菩薩	正哨帶二三四棚看守杭府獄副哨帶六七棚看守錢唐獄一五棚看守仁和獄	正哨帶一三棚紮柯橋六棚紮油車五棚紮龕山二棚紮五里四棚紮饅頭山
防護火葯局并巡緝	看守府縣監獄	保護繭行彈壓平糶

後營巡察軍兼辦諸義浦緝私事 中哨	前哨
諸暨縣城內及城外江東	臨安縣城及黃畈鎮徐家塢等處
諸暨城北	臨安紮城隍廟離城半里黃畈鎮徐家塢在臨安縣西離十五里二十里不等距諸暨二百七十里
中哨一員正哨四員副哨四員槍匠一名什長二十四名護兵廿名親兵四十八名正勇二百二十四名伙勇三十八名	
中哨一二三四棚駐諸邑城內火神廟五六棚駐諸邑城外江東	正哨帶四棚駐臨安副哨帶一二三棚駐黃畈鎮徐家塢五隊駐青山六隊駐武林門看守火藥
巡防義烏浦江東陽三縣往來之要道	青山黃畈鎮徐家塢設有教堂分駐保護
	臨安南五十里至於潛觀菩嶺駐有湖防西三十里至臨屬花街駐有湖防

月餉：每月大建一千六百二十一兩六錢小建一千五百七十四兩四錢

軍裝：後膛槍一百五十桿前膛槍二百六十八桿

軍火：每月應用槍藥二百觔銅帽一万二千顆鉛丸

左哨	右哨	後哨
錢唐瓶窰鎮及諸屬楓橋閘橋	餘杭縣城及東關橫湖盆堡等處	諸暨東門外塘王廟及安華鎮
錢唐離城五十里楓橋離城五十里閘橋離城五十里	離餘杭縣城三四十里離諸暨二百七十里	塘王廟在縣東離城一里安華鎮在縣南離城五十五里
五六七棚駐瓶窰鎮一二棚駐楓橋三四棚駐閘橋	一二三五棚駐餘城內關帝廟及城外東關長橋鎮等處四六七棚駐橫湖鎮盆堡三川潭	四五六七棚駐塘王廟三棚駐城內敎堂側一二棚駐安華鎮
瓶窰鎮東四十里有省防前營西至臨安四十里有本軍前哨	西向二十里駐有湖防東向四十五里駐有省防	西向七十里至浦江縣駐有前營巡察軍
三十七觔八兩皮紙十刀		

上監國魯王啓 庚子

右臣某啓竊臣萬里孤踪。一軍特立。暌違潛邸。屢易星霜。雖傾日有心。而瞻雲無路。又懼旁疑他妬。未敢輕達封章。已亥夏。于東甌晤錦衣指揮陳貴。曾附疏轉達。豈意陳貴隨踪北上。後因南師挫衂。流落江上。聞今已往山東矣。若臣自入長江。先驅直奪鎭江礮口。即復孤提本轄船兵。深入上游。傳檄而下徽寧太池四郡和州無爲二州。及招降溧水溧陽高淳建平廬江巢縣舒城含山諸邑。通計得江南北府州縣三十餘城。遂駐剳蕪湖。且撫且恢。水陸兵至萬餘。豈意延平藩師潰於金陵。倉卒南還。臣之孤軍。竟陷重地。虜誘百計。阻截歸路。貽書招誘。臣遂焚舟登陸。思入英霍山寨。以圖震蕩中原。提三千餘衆。與虜轉戰千里。相持二十七日。屢有斬獲。楚豫之間。蠢蠢欲應。終以勢孤援絕。士卒罷倦而敗。臣單騎突陳。遁伏山谷中。由間道徒步二千餘里。賴義士扶衛。始得生還海上。皆賴主上福庇也。然志猶未已。力圖收燼。以冀桑榆之效。幸而散亡漸集。正在整棚俟時而動。奈囊空釜傾。力不如心。茲仗延平藩同仇誼篤。分地給兵。或可望後效于將來耳。其如虜警頻仍。窺伺日迫。倘浙海決不可支。亦當南帆一覲睿顏也。昨差官自思明州回。始知主上有移蹕金門之信。當此漢厄未回即遵養時晦尚無其地是臣所爲日夕徬徨者也臣垂翅之餘百事艱難。芹曝之獻容俟後期竊有錦衣張士魁楊澄。亦經患難俱得生還現在左營合并具報。茲因便帆。具啓上候睿安臣曷勝悚惶瞻依之至。

上監國魯王啓壬寅

右臣某啓。爲國難已極。天命宜還伏乞早定大計以存正統。以圖中興事。春末閱虜邸抄知去年十一月。緬夷內變道虜入緬致我永歷皇帝蒙塵一時扈從宗室官員無一得免。惟吉王自縊以殉。而晉藩李定國入海鞏昌王白文選亦遁深山臣聞變之日肝腸寸裂猶謂狡虜詐傳疑信參半。及四月中旬聞宮眷竟從鎮江北轅矣思惟我太祖高皇帝聖德神功豈意後王禍等徽欽辱同懷愍或者剝極而復天意有歸。故虜亦厚其毒而速之亾也。但中華正統豈可久虛只今虜亦以諸夏無君偏張僞檄熒惑視聽四顧敷天止海上尚留左袒臣以爲延平藩必當速定大計以伸大義亟誓大師以報大仇。而至今寂寂道路謠傳又有可驚之事。臣中夜徬徨竊恐孤島孤軍。難以持久。況復加以他故。譬羸尫之夫。胸胃轉增穢疾。其能久乎。只今虜遣招撫于浙閩廣每省二人以解散海上。若不及早經營。則報韓之士氣漸衰。思漢之人情將輟。臣惟有以致命以了生平。獨所惓惓者。主上羈旅島嶼。不獨與閩人休戚相關。亦且與閩海存亾相倚。萬一變生肘腋。進無所依。退無所往。有不忍言者矣。既恨臣力太緜。不敢輕爲迎駕。復顧臣心獨苦。又不敢輒行趨扈。計惟在閩勛鎮。正在危疑之際。不若急用收羅之術。以爲擁衛之資。然後速正大號。俾天下曉然。知本朝尚有眞主。中國自有正統。在屯之稱建侯。在渙之言享帝。正此義也。於是傳檄省直。刻期出師。雖强弱懸殊。利鈍莫必。而聲靈宣布。響應可期。倘皇天鑒憐明德。則興滅繼絶。端在主上。此非欲邀福也。免禍亦宜然。即未暇雪耻也。圖存亦宜然。臣今擬上詔書一道。伏乞主上密與寧靖王及諸縉紳謀之。發憤爲雄。以慰遐邇。臣曷勝激切翹望之至。

上監國魯王啓壬寅

右臣某啓。八月初八日。御史臣陳修。捧綸音至臣營。臣焚香開讀。知主上薪膽憂危。

較昔倍甚。臣南望倉皇。罔知所措。獨念臣違顏以來。忽經十載。百折千磨。雄心未巳。原非動念勛名。特以越國義旅。魯邸侍從。止臣一人。尚在軍次。雖乖哭庭之志。尚圖掃境之功。苟良會可乘。則迎鑾豈遠。大命克集。則奠鼎非難。向以皇上當陽。故謳歌有缺。且以主上養晦。故潛躍有權。臣何敢妄思推載。以啓嫌猜。區區之情。盟之幽腑。何期行闕。洊染胡氛。攀髯莫逮。而延平王忽捐賓客。秉鉞無人。論國勢。疑興漢益艱。察人心。幸尊周轉切。近來虜中亦喧傳主上親征北發。故臣於七月中具有密啓耑官馳奏。茲巽命渙頒。倍增感奮。但臣以孤軍孑處荒壤。虜艘星列。十倍於臣。而臣又無蟻子之援。臣日夜枕戈。與死爲鄰。亦以死爲誓。若輕爲移蹕。則風鶴頻驚。臣罪難諉。倘仍栖梧島。竊恐號召既遠。復與臣呼應不靈。伏乞主上與諸縉紳勛鎮熟籌之。或揚帆海上。或保據沙關。結納忠義。聯合勛爵。俟羽翼已成。然後旌旗西出。仍乞斂鍔韜光。以絕敵人窺伺。臣亦得趨覲睿顏。稍將芹曝也。猶有慮者。倘魏絳之策得行。則華戎錯雜。尤宜戒備不虞。主上必得勁旅數千。巨艦近百。常相擁衛。方爲萬全。鷺門牙纛。纍纍相望。就中豈無耿弇其人。伏乞主上并覽前疏。深思臣言。臣愚幸甚。爲此具啓附奏。可勝踊躍翹企之至。

上延平王書 辛丑

舉大事者在人和立大業者在地利。晉武以獨斷而平吳。苻堅又以獨斷而敗於晉。尉佗以僻處而據粵。劉禪又以僻處而亾於魏。則人和地利審之不可不精也。即如殿下東寧之役。豈誠謂外島可以創業開基不過欲安插文武將吏家室使無內顧憂庶得嵩意征勦但自古未聞以輜重眷屬置之外夷而後經營中原者所以識者危之或者謂女直亦起于沙漠我何不可起於島嶼不知女直原生長窮荒入我中國如適樂郊悅以犯難人忘其死若以中國師徒委之波濤浩渺之中拘之風土狉榛之地眞乃入于幽谷其間感離恨別思歸苦窮種種情懷皆足以墮士氣而頓軍威況欲其用命於矢石改業於耰耡胡可得也故當用師之始兵情將意先多疑畏。玆歷暑徂寒。彈丸之地攻圍未下。是無他人和乖而地利失宜也語云與衆同欲者罔不興與衆異欲者罔不敗。誠哉是言也今虜□□短折。□□繼立所云主少國疑者此。其時矣滿黨分權離叛叠見所云將驕兵懦者又其時矣且災異非常征科繁急所云人怨天怒者又其時矣乘之虜勢已居强弩之末畏海如虎不得已遷徙沿海爲堅壁淸野之計致萬室棄田園焚廬舍宵啼露處蠢蠢思動望我師何異飢渴我若稍爲激發此並起亾秦之候也惜乎殿下東征各汎守兵力綿難恃然且東避西移不從僞令則情亦大可見矣殿下誠能因將士之思歸乘士民之思亂迴旗北指百萬雄師可得百十名城可收矣又何必與紅夷較雌雄於海外哉况大明之倚重於殿下者以殿下之能雪耻復仇也區區臺灣何與赤縣神州而暴師半載使壯士塗肝腦於火輪宿將破肢體於沙磧生旣非智死亦非忠亦大可惜已矧普天之下止思明州一塊乾淨土四海所屬望萬代所瞻仰者何啻桐江一絲繫漢九鼎故虜之虎視匪伊朝夕而今守禦單弱乘聞紅夷搆虜乞師萬一乘虛窺伺勝負未可知也夫思明者根柢也臺灣者枝葉也無思明是無根柢矣能有枝葉乎此時進退失據噬臍何及古人云寧進一寸死毋退一尺生使殿下奄有臺灣亦不免爲退步孰若早返思明別圖所以進步哉昔年長江之役雖敗猶榮已足流芳百世若捲土重來豈直汾陽臨淮不足耑美即錢鏐竇融亦不足並駕矣儻尋徐福之行踪思盧

敖之故跡。縱偷安一時。必貽譏千古。即觀史載陳宜中張世傑兩人。襃貶可爲明鑑。九仞一簣。殿下寧不自愛乎。夫虬髯一劇。祇是傳奇濫說。豈眞有扶餘足王乎。若箕子之君朝鮮。又非可語於今日也。某倡義破家以來。恨才力譾薄。不能滅虜恢明。所仗殿下發憤爲雄。俾日月幽而復明。山河毀而復完。某得全髮歸故里。于願足矣。乃殿下挾有爲之資。値可爲之勢。而所爲若此。則某將何所依倚。故不敢坐觀勝敗。冒觸威嚴。詞多激切。唯願殿下俯垂鑒納。有利于國。亦死無所恨。

海師恢復鎮江一路檄

昔五胡亂華。僅一再傳而滅。今東虜應讖。適二八秋之期。誠哉天道好還。況也人心思漢。慨自李賊倡叛。神京陸沈。建酋爲我屬夷。屢生反側。爲乘多難。竊據中原。衣冠變爲犬羊。江山淪於夷狄。凡有血氣。未有不腐心切齒於奴酋者也。本藩奉天倡義。討罪弔民。臥薪嘗膽。法古用兵。生聚敎訓。已踰十年。正朔雖存。僅存一綫。茲者親統大師。首取金陵。出小民於水火。復漢官之威儀。爾僞署文武將吏。皆係大明赤子。誰非中國紳衿。時窮勢屈。委質虜廷。察其本懷。寧無隱忍。天經地義。華夏之辨甚明。木本水源。忠孝之良。自在至如遼人。受我明三百年之豢養。遭逆虜三十載之摧殘。祖父既羅其駢戮。母妻盡被其宣淫。爾二三孤兒。尚爲旗下之奴。百千弱女。竟作胡中之婦。報仇雪恥。豈待異時。歸正反邪。端在今日。則張良報韓。先揮博浪之椎。朱序歸晉。遂成淮淝之捷。誠先機革面。或臨敵改圖。以全省全部來歸者。不惜分茅裂土以一鎮一邑來歸者。定與度地紀勛。或率兵而至。則論其多寡而計功掄升。或潔身而來。則就其職掌而量才超擢。若蒙古女眞人等世受國家撫賞之恩。原非一類。共在天地覆載之內。亦有同仇無懷二心。視之一體。不特休屠歸漢。名高日磾。且如回紇扶唐。烈光葉護矣。本藩仁義素著。賞罰久明。先機者有不次之賞。後至者有不測之誅。一身禍福。介在毫芒。千古勳名。爭在頃刻。師不再舉。時不再來。布告遐邇。咸使聞知。敬哉特諭。永歷十三年七月二十日給

復曹監軍書

徐兄來。接有手教。想徐兄挂帆時。敝差官尚未到臺城。故杜翁不審北方消息耳。然敝差官去後。浙事又一變。及徐兄至。弟已移師寄寓沙關矣。種種虜情。已具在前日

女子世界調查緣起

盲其目聾其耳刖其足錮其腦沉沉萬劫永淪於黑暗地獄而并不得與中國之男子並立平等地位者非我國二萬萬同胞女子哉夫源塞則流絕柯伐則枝萎民愚則國亡我國既愚其二萬萬男子俾爲間接之奴隸於異種而更以最親愛最文弱之二萬萬女子爲奴隸之直接奴隸嗚呼同族相陵猶懷石救溺不至於兩斃不止故欲拯今日之危亡必先解脫女子之羈勒俾立於平等地位而聽其聽焉明其視焉鼓吹其精神而感刺其腦筋焉是不可無物以司其運動之機此本誌發行之目的也雖然同人綿於才力域於見聞用設調查一部以待熱心女界之善男子善女人時時報告於本社紹介以公我同胞臨風翹企希望何如

女子世界概目

一圖畫　內國學校攝影東西女傑事蹟屬之　二論說　本社論說屬之　三演台　白活演稿屬之　四傳記　東西女傑事實屬之　五譯叢　東西名論屬之　六談藪　涉於新思想奇聞軼事屬之　七小說傳奇章回小說屬之　八文苑　文詞詩歌屬之　九專件　來往尺素調查專件等屬之　十記事　各地女學事件屬之

女子世界調查部簡約

一海內同志如有願充本社調查員者請將有關女學文件及女學狀況或論說詩歌新聞規約等稿隨時郵寄本社總發行所每月以一件爲率

一調查事件刊出與否原稿概不寄還

一調查員當酬贈本誌全年惟零星稿件不在此例

一惠寄函件郵資概請自給

附售例

（一）本誌月出一冊每冊零售大洋二角全年二元郵費照加款到寄報

（二）代派處滿十份以上者八折三十份以上者七折

總發行所在上海棋盤街大同印書局

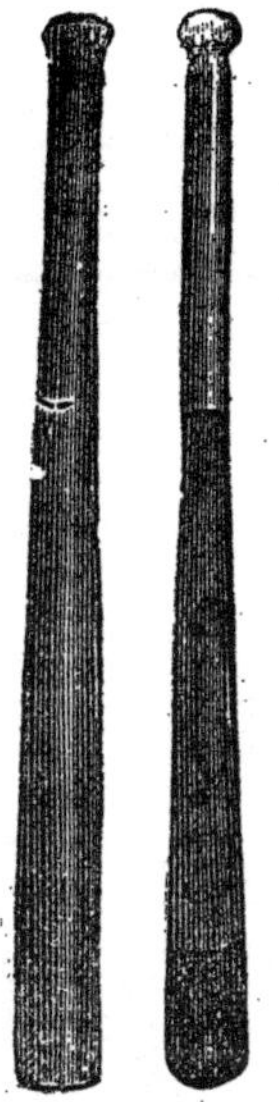

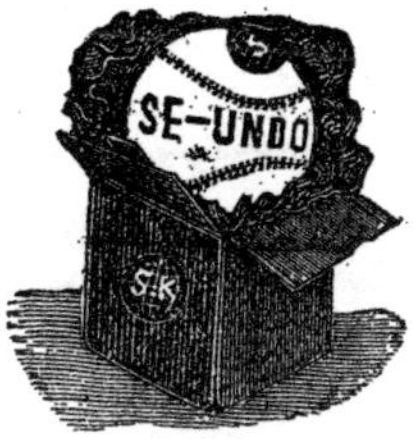

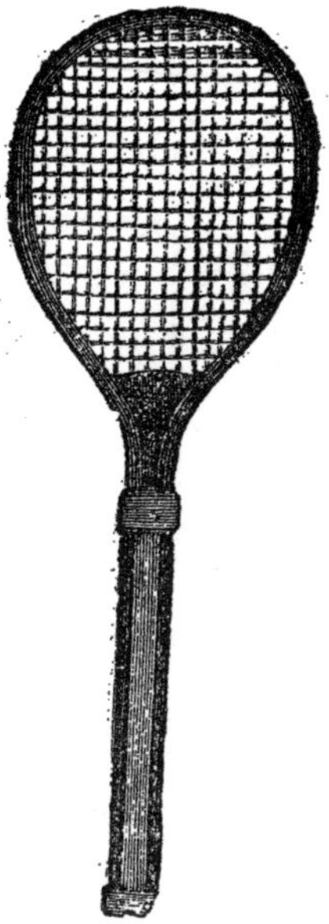

体操器械

運動器具各種

文房用品

製造發兌本舖

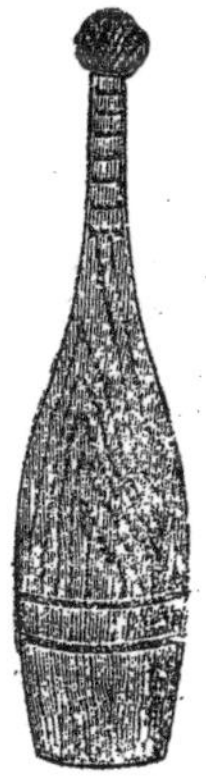

以上各種品目繁多大凡日本各種學校講新學適用之器具本店無不應有盡有諸尊賜顧者凡公共團體或多數批發定價格外從廉

日本東京市神田區表神町六番地

生雲堂　片桐本店

（電話本局貳千六百參十壹番）

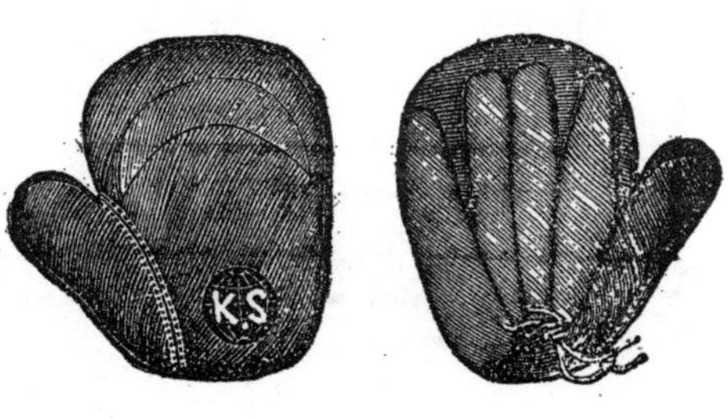

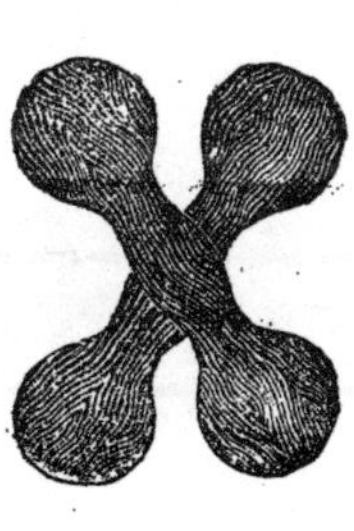